KB167316

_____학교 _____학년 ___반 _____의 책이에요.

'체험학습'이란 책에서나 수업 시간에 배운 지식을 실제 현장에서 직접 경험해 보는 공부 방법이에요. 단순히 전시된 물건을 관람하거나 공연을 보는 것이 아니라 학습을 하기 전에 미리 필요한 정보를 조사하는 것까지를 포함한 모든 활동을 의미해요. 어떻게 공부할 것인지를 준비하면 그렇지 않은 경우보다 훨씬 더 많은 것을 보고 느끼게 되겠지요. 이 책은 체험학습을 하려는 어린이들에게 좋은 길잡이 역할을 할 거예요.

❶ 가기 전에 읽어 보세요

이 책은 체험학습 현장을 어린이들이 쉽게 이해할 수 있도록 풀이한 안내서예요. 어린이들이 직접 체험학습 현장을 찾아가는 데 필요한 정보가 들어 있어요. 체험학습 현장을 가기 전에 꼼꼼히 읽어 보세요.

❷ 현장에서 비교해 보세요

조선의 왕릉에는 한국의 전통문화를 느낄 수 있는 건축물과 민속자료가 전시되어 있어요. 이곳에서 우리 조상들의 전통 생활 문화를 직접 체험해 보세요. 눈에 보이지 않는 우리 조상들의 정신문화까지 체험할 수 있을 거예요.

❸ 스스로 활동해 보세요

이 시리즈는 단지 지식을 전달하기 위한 교양서가 아니에요. 어린이 여러분이 교과서로 수업 시간에 배운 내용을 실제 현장에서 직접 체험하며 익힐 수 있도록 다양한 활동 내용을 담았지요. 책 중간이나 뒷부분에 이해를 돕기 위한 활동이 있으니 꼭 스스로 정리해 보세요.

❹ 견학 후 활동이 다양해요

체험학습 후에는 반드시 견학 후 여러 가지 활동을 해 보세요. 보고서 쓰기, 신문 만들기, 그림 그리기 등을 통해 체험학습에서 보고 들은 내용을 다시 한번 정리하면 알찬 체험학습이 될 거예요.

신나는 교과 체험학습 08

왕과 왕비가 잠들어 있는 곳 조선의 왕릉

초판 1쇄 발행 | 2007. 4. 10.
개정 3판 9쇄 발행 | 2023. 11. 10.

글 손민호 | 그림 김순남 | 감수 이이화

발행처 김영사 | **발행인** 고세규
등록번호 제 406-2003-036호 | **등록일자** 1979. 5. 17.
주소 경기도 파주시 문발로 197(우10881)
전화 마케팅부 031-955-3100 | 편집부 031-955-3113~20 | 팩스 031-955-3111

값은 표지에 있습니다.
ISBN 978-89-349-8393-4 64000
ISBN 978-89-349-8306-4 (세트)

좋은 독자가 좋은 책을 만듭니다. 김영사는 독자 여러분의 의견에 항상 귀 기울이고 있습니다.
전자우편 book@gimmyoung.com | 홈페이지 www.gimmyoungjr.com

어린이제품 안전특별법에 의한 표시사항

제품명 도서 제조년월일 2023년 11월 10일 제조사명 김영사 주소 10881 경기도 파주시 문발로 197
전화번호 031-955-3100 제조국명 대한민국 ⚠주의 책 모서리에 찍히거나 책장에 베이지 않게 조심하세요.

왕과 왕비가 잠들어 있는 곳

조선의 왕릉

글 손민호 그림 김순남 감수 이이화

주니어김영사

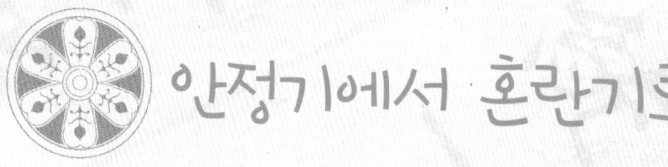

안정기에서 혼란기로!

15세기 후반 조선은 정치적으로 혼란한 시기로 접어들기 시작합니다.

조선의 제9대 왕 성종은 조선 시대 왕 가운데 후궁을 많이 둔 왕으로 알려져 있어요. 때문에 왕비가 늘 못마땅하게 여겼지요. 그러던 어느 날 성종과 왕비가 다투다가 왕비가 성종의 얼굴을 할퀴는 일이 일어났어요. 이 사실을 알게 된 사림파는 왕비를 내쫓기로 하지요. 당시 시대 분위기로는 왕이 아무리 잘못을 하더라도 왕의 얼굴을 할퀴는 일은 감히 상상도 할 수 없는 일이거든요. 결국 왕비는 왕비 자리에서 쫓겨나 죽게 되고, 그 왕비의 아들은 후에 왕이 되었답니다. 그 왕이 바로 연산군이지요.

연산군은 어려서부터 성품이 난폭했다고 해서 조선 시대의 '폭군'으로 알려져 있어요. 어느 날 사슴이 연산군을 핥자 기분이 나빠진 연산군이 사슴을 때린 일이 있었어요. 그런데 하필이면 그 사슴은 성종이 아끼던 사슴이었어요. 성종은 연산군을 크게 야단쳤지요. 연산군은 이 일을 잊지 않고 기억해 두었다가 왕이 되자마자 그 사슴부터 죽였다고 해요. 또 이런 일도 있었어요. 옛날에는 왕이나 왕자가 신하를 스승으로 모시고 공부를 하곤 했어요. 연산군에게도 두 명의 스승이 있었는데, 한 분은 연산군이 원하는 대로 노는 것을 눈감아 주었고, 또 한 분은 엄하게 혼내곤 했는데 연산군은 왕이 되자마자 엄격했던 스승을 죽였지요. 그만큼 자신에게 듣기 싫은 말을 하는 사람을 꺼려했던 것이지요.

이런 연산군이 당시 정치에 대해 비판을 아끼지 않던 사림파를 못마땅하게 여기는 것은 당연했지요. 더구나 자신의 어머니를 왕비 자리에서 쫓아내는 일을 꾸민 사람들이 사림파였다는 것을 뒤 게 알고 이들을 모두 죽이고, 이미 죽은 사람까지 무덤에서 꺼내어 시신을 욕보이기까지 했어요. 이것을 '사화'라고 하지요.

　결국 연산군은 왕위에서 쫓겨나고 중종이 왕위에 오릅니다. 중종 시절도 역시 사화가 많이 일어났던 시기예요. 그만큼 신하들끼리 싸움이 많았다는 뜻이지요. 신하들끼리 서로의 의견을 적극적으로 발표하는 것은 바람직한 일이지만 자신의 의견과 다르다고 해서 상대방을 모함하고 죽이는 것은 조정을 혼탁하게 만들고 나라를 망치는 일이지요.

　결국 조선 조정은 나라를 위해 필요한 논쟁은 하지 못하고 싸움만 일삼다가 일본의 침략을 받게 되지요. 이 전쟁이 임진왜란이에요. 임진왜란으로 우리나라는 백성들이 많이 죽었고, 국토의 대부분이 황폐해져서 쓰지 못하게 된 땅이 많았답니다. 또 일본 사람들이 우리의 소중한 문화재를 빼앗아가기도 하고 망가뜨리기도 했어요. 성종 시대부터 임진왜란이 일어났던 선조 시대까지는 백성들의 생활이 무척 고달프고 국가도 어려웠던 때입니다.

성종	연산군	중종	인종	명종	선조
					임진왜란
					1592~1598년
1469~1494년	1494~1506년	1506~1544년	1544~1545년	1545~1567년	1567~1608년

차례

한눈에 보는 조선의 왕릉   6

숨겨진 이야기가 가득한 왕릉   8
신분에 따라 무덤 이름이 달라요   10
무덤에도 여러 가지가 있어요!   12
왕릉을 짓는 데만 5개월!   14
좋은 터에 자리 잡아요   16
산을 만들고 물을 흐르게 하라!   18
궁에서 멀리 있는
          왕릉도 있다고?   20
왕릉 이름만 봐도 삶이 보여요   24

선릉으로 가요!   26
성종이 잠들어 있는 선릉   28
금천교를 건너 홍살문을 지나요   30
신과 인간이 따로 걸어가는 참도   32
제사를 지내는 정자각   34
강으로 올라가요   38
무덤 주변에 서 있는 조각들   40
능에 도착했어요!   44
병풍석이 보이나요?   46
왕릉 답사, 잘 마쳤나요?   48

나는 조선의 왕릉 박사!   50
체험학습 보고서 잘 쓰기!   54
정답   56

부록 : 숙제를 돕는 사진

왕릉에 가기 전에

미리 준비하세요

준비물 사진기, 수첩과 연필, 체험학습 책, 지하철 노선도

답사는 눈으로 직접 확인할 수 있는 곳으로 가는 것이 좋아요. 그런데 눈으로만 보아서는 금세 잊어버릴 수 있어요. 그래서 기록을 할 수 있는 연 이나 수첩, 사진기 같은 도구를 준비하는 게 좋아요. 무엇보다 자신이 가야 할 곳에 대해서 미리 공부하고 자료를 준비한다면 더 유익한 답사가 될 수 있겠지요?

미리 알아 두세요

관람일	매주 월요일에는 관람할 수 없어요.
관람 시간	11월~1월 06:30~17:30, 2월 06:00~18:00
	3월~10월 06:00~21:00
관람 소요시간	약 1시간 정도 걸려요.
관람료	어린이 500원, 어른(19~64세) 1,000원
	만 18세 이하 및 만 65세 이상 국민은 무료예요.
주소	서울특별시 강남구 삼성동 133-2
지하철	2호선 선릉역에서 8번 출구로 나가거나
	7호선 강남구청역에서 1번 출구로 나가요.
버스	472, 730, 146, 6411, 4312, 360, 3219, 4420을 타고
	선릉 정류장에서 내리세요.

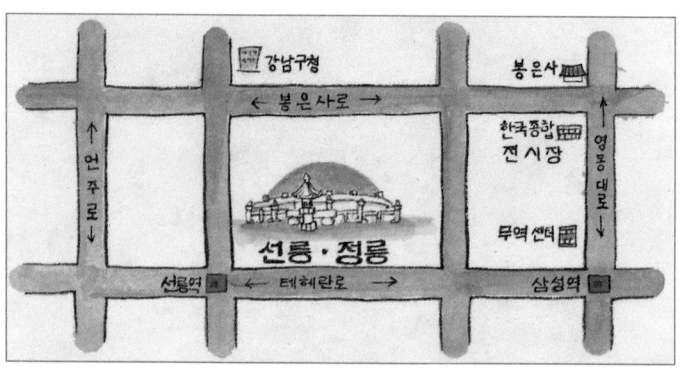

왕릉 답사는요…….

여름철 하늘과 가을철 하늘이 다르다는 걸 알고 있나요? 계절마다 하늘 색깔이 어떻게 다른지도 설명할 수 있다고요? 그건 책을 읽고 외워서 알게 되기보다는 여러분이 직접 하늘을 보고 체험했기 때문에 자연스럽게 알게 된 걸 거예요.

이렇듯 이 세상에는 책을 읽고 얻는 지식도 있지만 직접 눈으로 보고 체험해서 얻게 되는 지식도 많이 있어요. 선생님이나 부모님이 밖으로 나가서 여러 가지 경험을 하도록 하는 것도 이런 까닭이지요. 이번 체험학습에서는 조선 시대 왕들을 중심으로 역사와 문화를 알 수 있는 왕릉 답사를 할 거예요. 아쉽게도 북한에 있는 제릉과 후릉을 제외되었지만요. 조선 왕릉은 2009년 6월 27일, 유네스코 세계 문화유산으로 지정될 정도로 역사적 가치가 높은 곳이에요.

왕릉을 답사하는 동안 조선 시대 각 왕들의 지위나 당시의 시대 상황을 직접 눈으로 확인할 수 있을 거예요. 자, 그럼 눈을 크게 뜨고 조선 시대 왕릉을 공부하러 함께 떠나 볼까요?

한눈에 보는 조선의 왕릉

파주

온릉

장릉

서삼릉

고양

서오릉

한강

서울특별시

부천

인천

광명

안양

시흥

안산

조선 시대의 왕은 모두 27명이에요. 와, 굉장히 많지요?
이 많은 왕들은 모두 어디에 잠들어 있을까요? 왕이
잠들어 있는 무덤들은 모두 모여 있을까요? 아니면
따로 따로 있을까요? 이번 체험학습에서는 조선의
왕릉은 어떻게 생겼으며, 어떻게 만들었는지 등을
알아볼 거예요. 그리고 그 중에서 성종이 잠들어 있는
선릉을 직접 찾아가 볼 거예요. 자, 그러면 왕릉은
어떻게 만들었고, 어떤 왕이 어디에 잠들어 있는지
알아본 뒤에, 선릉으로 가 볼까요?

화성

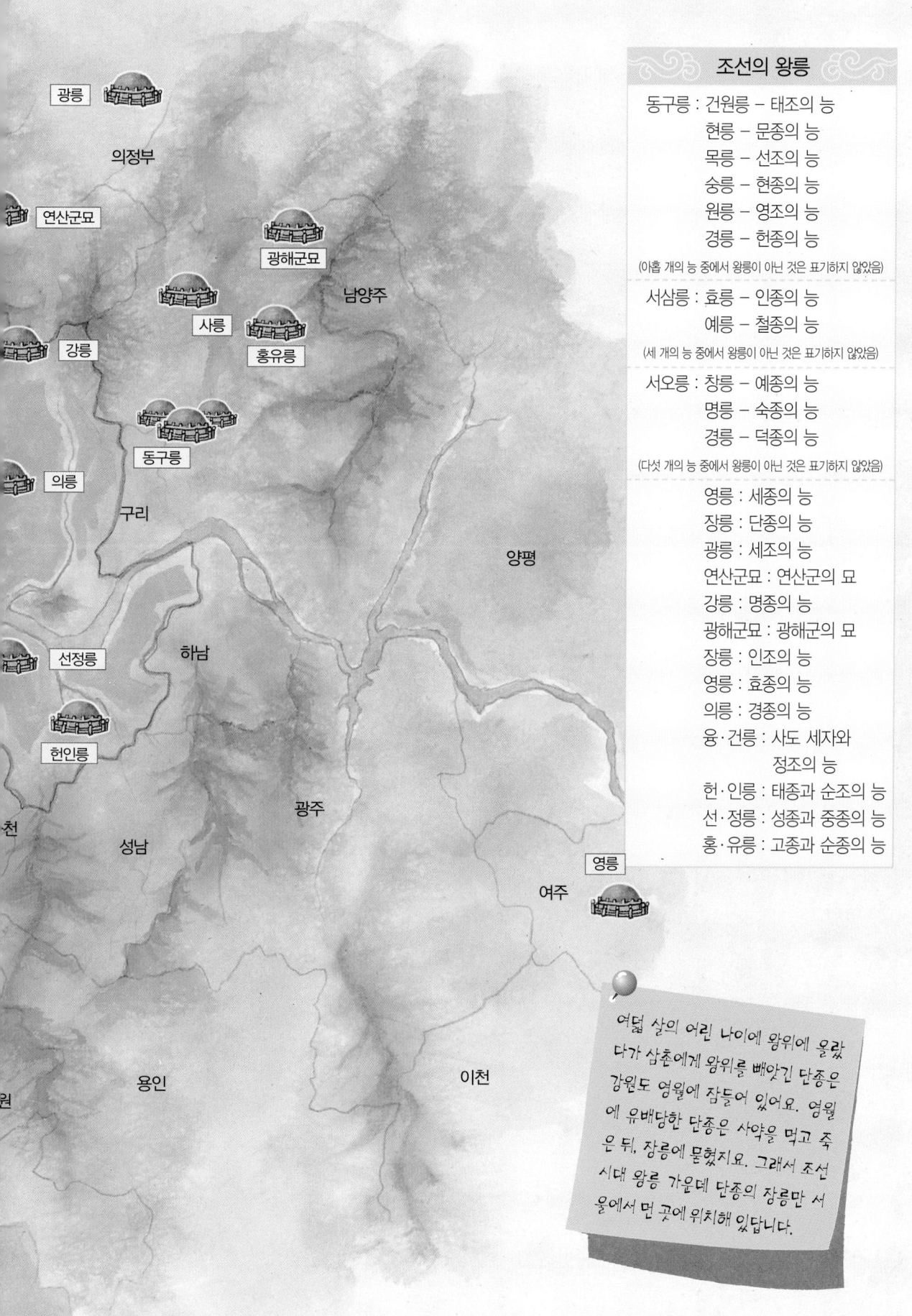

광릉

의정부

연산군묘

광해군묘

남양주

사릉

강릉

홍유릉

동구릉

의릉

구리

양평

선정릉

하남

헌인릉

광주

영릉

천

성남

여주

용인

이천

원

조선의 왕릉

동구릉 : 건원릉 – 태조의 능
현릉 – 문종의 능
목릉 – 선조의 능
숭릉 – 현종의 능
원릉 – 영조의 능
경릉 – 헌종의 능

(아홉 개의 능 중에서 왕릉이 아닌 것은 표기하지 않았음)

서삼릉 : 효릉 – 인종의 능
예릉 – 철종의 능

(세 개의 능 중에서 왕릉이 아닌 것은 표기하지 않았음)

서오릉 : 창릉 – 예종의 능
명릉 – 숙종의 능
경릉 – 덕종의 능

(다섯 개의 능 중에서 왕릉이 아닌 것은 표기하지 않았음)

영릉 : 세종의 능
장릉 : 단종의 능
광릉 : 세조의 능
연산군묘 : 연산군의 묘
강릉 : 명종의 능
광해군묘 : 광해군의 묘
장릉 : 인조의 능
영릉 : 효종의 능
의릉 : 경종의 능
융·건릉 : 사도 세자와
정조의 능
헌·인릉 : 태종과 순조의 능
선·정릉 : 성종과 중종의 능
홍·유릉 : 고종과 순종의 능

여덟 살의 어린 나이에 왕위에 올랐다가 삼촌에게 왕위를 빼앗긴 단종은 강원도 영월에 잠들어 있어요. 영월에 유배당한 단종은 사약을 먹고 죽은 뒤, 장릉에 묻혔지요. 그래서 조선 시대 왕릉 가운데 단종의 장릉만 서울에서 먼 곳에 위치해 있답니다.

황남대총

무령왕릉

천마총

숨겨진 이야기가 가득한 왕릉

자, 이제 왕릉에 어떤 이야기가 숨겨져 있는지 알아볼까요? 여러분은 "내가 만약 왕이라면?" 하고 상상을 해 본 적이 있나요? 왕이 된다면 무엇이든 다 할 거라고요? 물론 왕이 백성보다 훨씬 더 풍족하고 화려하게 권세와 명예를 누리며 살았던 것은 사실이에요. 하지만 왕이라고 해서 모든 것을 자기 마음대로 할 수 있었던 것은 아니에요. 왕도 정해진 규칙에 따라서 살아야만 했으니까요. 후계자로 결정이 되면서부터 왕의 자리에 걸맞은 자격을 갖추기 위해서 끊임없이 자신을 연마하고 공부를 해야만 했지요. 그렇기 때문에 왕은 한 국가에서 가장 중요하면서도 막강한 권력을 가진 인물이지만 반대로 가장 많은 규칙과 통제 속에서 살아야만 했던 사람인 셈이지요.

우리가 알아볼 왕릉도 이런 왕의 운명과 비슷하답니다. 왕릉이라고 해서 모두 웅장하고 멋진 것은 아니니까요. 당시의 시대 분위기나 정치 상황에 따라 왕릉도 그 모습이 달라요. 때문에 왕릉은 그 시대 상황을 가장 잘 보여 주는 유물이라고 할 수 있지요.

그럼, 크고 화려한 왕릉 뒤에 숨겨진 이야기를 살펴볼까요?

신분에 따라 무덤 이름이 달라요

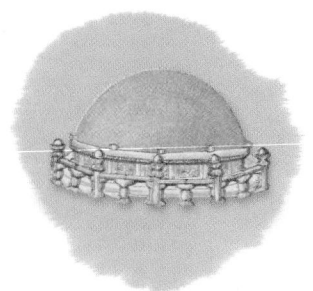

"밥먹어."라는 말을 어머니께 한다면 뭐라고 하지요? "진지 드세요."라고 하지요? 이처럼 우리말에는 같은 물건, 같은 장소라고 하더라도 누가 사용하느냐에 따라서 다르게 말하는 경우가 있어요. 특히 왕과 관련이 있는 것들은 대부분 이름이 따로 있지요.

홍릉과 유릉
홍릉에는 고종과 명성황후가 잠들어 있고, 유릉에는 순종이 잠들어 있어요.

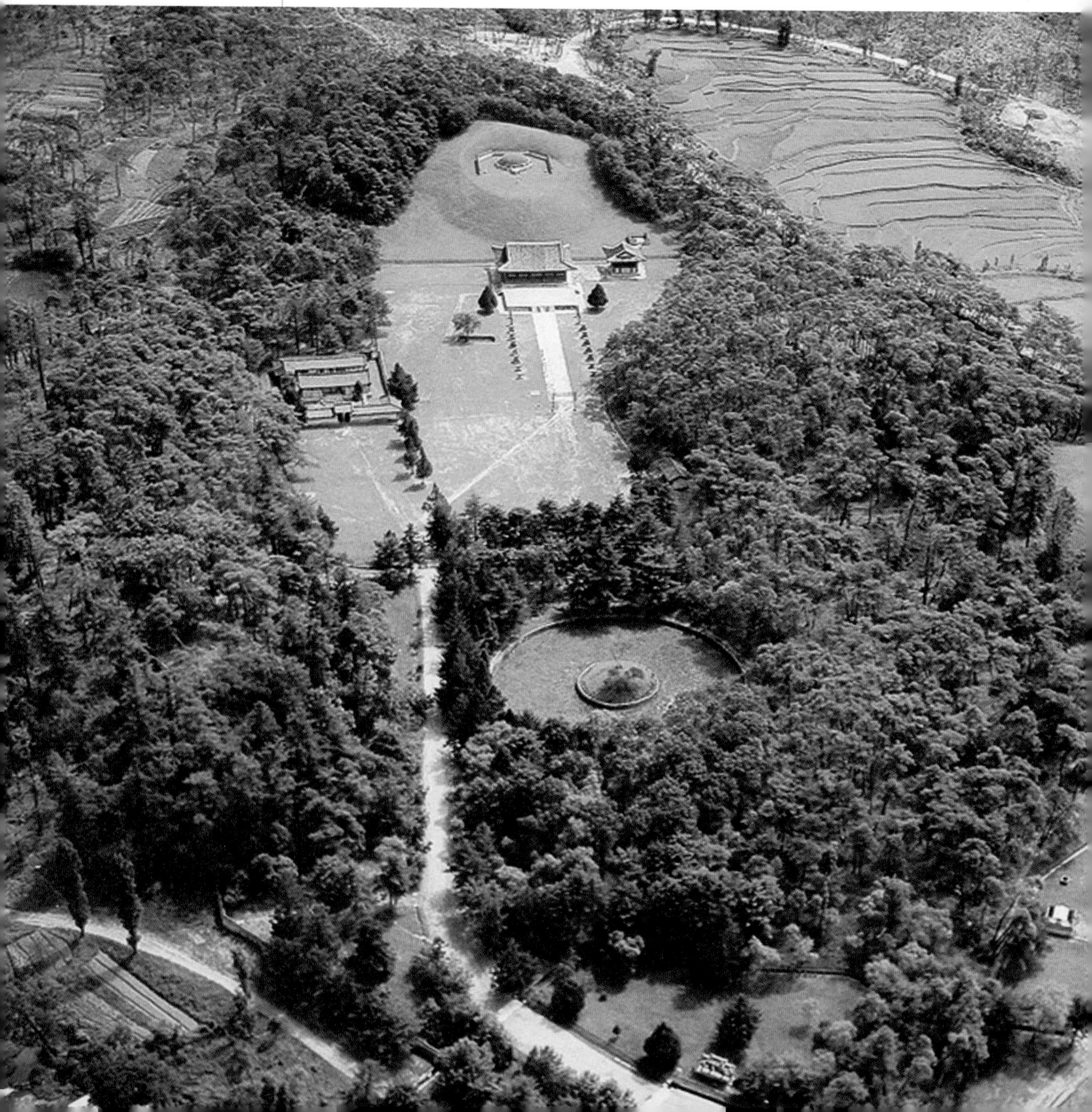

왕이 먹는 밥은 '수라' 라고 하고, 왕의 얼굴은 '용안' 이라고 했지요. 또 왕의 정실 부인은 '왕비', 첩은 '빈' 이라고 하지요. 왕자도 비가 낳은 자식은 '대군', 빈이 낳은 자식은 '군' 이라고 부른답니다.

마찬가지로 죽은 사람이 묻히는 곳의 이름도 신분에 따라서 달라요. 보통 사람들이 죽어서 묻히는 곳은 '묘' 라고 해요. 반면 왕이 묻히는 무덤은 '능' 이라고 하지요. 왕비 역시 능에 묻혀요. 또 '원' 은 세자와 세자빈 또는 왕의 생부와 생모가 묻힌 무덤을 말하지요. 이렇게 신분에 따라 무덤을 부르는 이름이 다른 만큼 능, 원, 묘는 각각 그 크기와 주변에 딸린 건물이나 물건이 달라요.

이 가운데 왕릉은 왕의 무덤인만큼 정성과 노력을 한껏 기울이고, 그 시대에 가장 뛰어난 기술을 발휘해서 만들지요. 더불어 왕릉은 당시의 시대 분위기와 왕의 인생을 담고 있는 소중한 유물이랍니다.

🔵 세자
왕세자를 줄인 말로, 왕위를 이을 왕자를 가리켜요. 세자빈은 세자의 아내를 말해요.

🔵 생부, 생모
자기를 낳아 준 친아버지와 친어머니를 뜻하지요.

🔵 유물
옛사람이 남긴 물건 중에서 크기가 작고 옮길 수 있는 것을 말해요.

광해군묘
연산군과 광해군처럼 왕위에서 쫓겨난 왕의 무덤은 다른 왕릉에 비해 크기도 작고 초라해요.

영휘원
영친왕의 생모인 순헌귀비 엄씨가 잠들어 있는 곳이에요. '원'은 왕의 부모나 세자 부부의 무덤을 가리켜요.

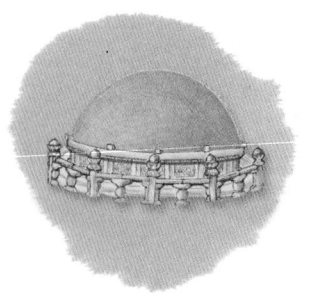

무덤에도 여러 가지가 있어요!

● 증거
어떤 사실을 밝힐 수 있는 사실이나 물건을 가리킵니다.

조선 시대에는 왕의 무덤을 '능'이라고 불렀어요. 그럼 다른 시대에는 왕의 무덤을 무엇이라고 불렀을까요? 다른 시대에도 왕의 무덤은 '능'이라고 불렀답니다. 백제 시대 능으로 '무령왕릉'이 있고, 신라 시대 것으로는 '문무왕릉', '선덕여왕릉', '신문왕릉' 등이 있으며 고구려에는 '동명왕릉', '태왕릉' 등이 있어요.

그런데 신라와 고구려 시대의 무덤이라고 하면 떠오르는 것이 있지 않나요? 바로 천마총, 무용총, 각저총 등이 그것이지요. 그런데 왜 이 무덤들은 '능'이라고 하지 않을까요? 그것은 무덤에 묻힌 사람이 왕이라는 증거가 출토되지 않았기

무덤 속에서 발견된 그림

천마총은 '천마도'라고 하는 그림이 출토되었기 때문에 이 이름을 본떠서 천마총이라고 하지요. 마찬가지로 '무용도'라는 벽화가 발견된 무덤은 '무용총'이라고 이름을 붙였어요. 그런데 무용총에는 무용도만 발견된 것이 아니에요. 수렵도라는 벽화도 발견되었지만, 수렵도는 다른 무덤에서도 발견되었기 때문에 무용총이라고 한 것이지요. 그리고 각저총에서는 씨름 그림이 발견되었어요. '씨름'을 한자로 '각저'라고 하거든요.

우리나라 왕들의 무덤

지금까지 발견된 큰 무덤들에는 신라, 백제, 고구려 시대 왕들의 무덤들이 있어요. 시대에 따라 무덤이 어떻게 다른지 한번 비교해 보세요.

무령왕릉과 송산리 고분군 일대
충남 공주에 있는 백제 무령왕의 능이에요.

괘릉
신라 제 38대 원성왕의 무덤으로 짐작하는 곳이에요.

때문이에요. 왕의 무덤인 듯하지만 누구의 무덤인지 주인을 알 수 없는 거죠. 발굴된 유물 중 대표할 만한 유물이 있어 그 이름을 본뜨거나 무덤의 특징을 따서, 무덤을 뜻하는 '총' 자를 붙인 것이랍니다.

그럼, '분' 이라고 하는 무덤은 무엇인지 궁금하다고요? 분은 무덤 주인이 누구인지 알지도 못하고, 특징적인 유물이 발견되지도 않은 무덤을 가리켜요. 이런 무덤으로는 공주에 있는 송산리 고분군, 부여에 있는 능산리 고분군, 고령과 창령의 가야 고분군 등이 널리 알려져 있지요.

출토
땅속에 묻혀 있던 것이 저절로 나오거나 파서 나오는 것을 말해요.

고분군
옛 무덤이 여러 개 모여 있을 때 '고분군' 이라고 해요.

여기서 잠깐!

아래의 보기는 모두 무덤을 나타내는 이름이에요.
보기를 보고, 질문에 답해 보세요.

1. 무덤을 발굴했는데, 주인을 알 수는 없지만 아주 훌륭한 금관이 발견되었어요. 금관(   )
2. 무덤을 발굴하지는 않았지만, 김유신이 묻혀 있을 거라는 기록이 있어요. 김유신(   )
3. 무덤의 주인도 알 수 없고, 특징도 없지만 왕릉으로 짐작되는 무덤이 부여 능산리에 모여 있어요. 능산리(   )
4. 1971년에 발굴되었는데, 무덤에서 발견된 지석에 무령왕이 묻혔다는 글이 쓰여 있었어요.
   무령왕(   )

보기
능, 총, 고분군, 묘

☞정답은 56쪽에

천마총
천마도가 발견된 신라 시대 무덤이에요.

문무대왕릉
신라 시대 문무대왕이 묻혀 있는 곳이에요.

왕릉을 짓는 데만 5개월!

조선 시대 왕릉은 땅을 10자 정도로 깊이 파서 만들어요. 땅을 이렇게 깊이 파야 왕실에 뛰어난 인물이 태어난다고 믿었기 때문이지요. 이렇게 땅을 깊이 팠으니 일을 할 사람이 많이 필요했을 거예요. 공사에 참여한 사람만 해도 적게는 오천여 명에서 많게는 만 오천 명까지 되었다고 해요. 어마어마하지요? 그만큼 공사 기간도 길었어요. 능을 짓는 데만 짧게는 5개월 정도 걸렸으니까요. 그런데 공사가 길어지면 시신이 상할 텐데 이런 문제를 어떻게 했을까요? 바로 얼음을 이용했다고 해요. 석빙고에서 만든 얼음으로 시신을 보존했지요. 이때 얼음으로 보관을 하면 시신에 습기가 차기 때문에, 시신 주변에 미역을 두어서 물을 흡수하도록 했답니다. 옛 조상들의 지혜와 슬기가 놀랍지요?

능이 모두 완성되면 시신을 묻는데, 시신에 대략 옷 90여 벌을 입혔어요. 오늘날 시신에 수의를 입히는 것과 같은 것이지요. 얼마 전, 양반 가문의 것으로 보이는 무덤이 발견되었는데, 옷을 67여 벌이나 껴입은 여자의 시신이 있었어요. 양반도 그렇게 여러

명성황후 국장 행렬

왕릉이 완성되면 국장*을 치러요. 이 그림은 《명성황후국장도감의궤》에 그려져 있는 명성황후의 국장을 지내는 행렬이에요. 명성황후의 시신은 가운데 검은 지붕을 인 상여에 누워 있답니다.

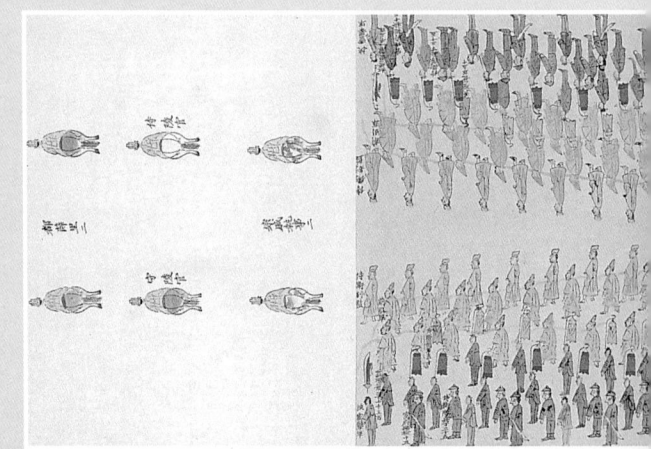

* 국장 : 나라에 큰 공이 있는 사람이 죽었을 때 국비로 장례를 치르는 일을 말해요.

벌을 입혔으니 왕에게는 더 많은 옷을
입혔다 하더라도 이상할 것이 없겠지요?

이러한 절차를 거쳐 만들어지는 조선 시대
왕릉의 가장 큰 특징은 도자기나 다른 패물과
같은 부장품 없이 옷을 여러 벌 입은 왕의
시신만 묻는다는 점이에요. 때문에 다른 시대의
왕릉에 비해서 도굴의 위험이 없답니다.

무덤을 너무 깊이 파면 반역죄!

만약 왕이 아닌 양반이나 백성이 무
덤을 10자 깊이로 파서 만들면 반역죄
를 적용해서 처벌을 받았어요. 왕실
밖에서 뛰어난 인물이 태어나면 왕실
의 위신이나 위엄이 흔들린다고 여긴
것이지요.

🏵 도굴
고분 등을 몰래 파헤쳐
서 부장품을 빼 가는 일
을 말해요.

여기서
잠깐!

🏵 왕이 잠들 자리를 찾아보세요.

조선 시대 왕이 죽으면 나라에서는 왕릉을 만들고,
왕릉을 만드는 과정과 각각의 왕릉의 모습을
상세하게 기록해 놓았어요. 그 책들 가운데 하나가
《정조건릉산릉도감의궤》이지요. 오른쪽에 있는
그림은 이 책에 그려 진 왕릉의 모습이에요.
정조의 능도 왕릉을 짓는 기본적인
원칙에 따라 지었음을 알 수 있지요. 그렇다면
오른쪽의 그림에서 왕의 시신이 잠들 위치는
어디인가요? 그림을 보고 적당한 위치에
동그라미해 보세요.

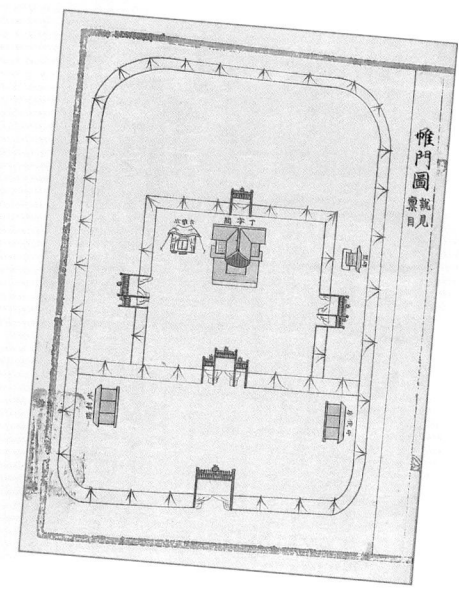

▶힌트 : 보통 정자각 뒤 빈 터가 그 곳이랍니다.

☞정답은 56쪽에

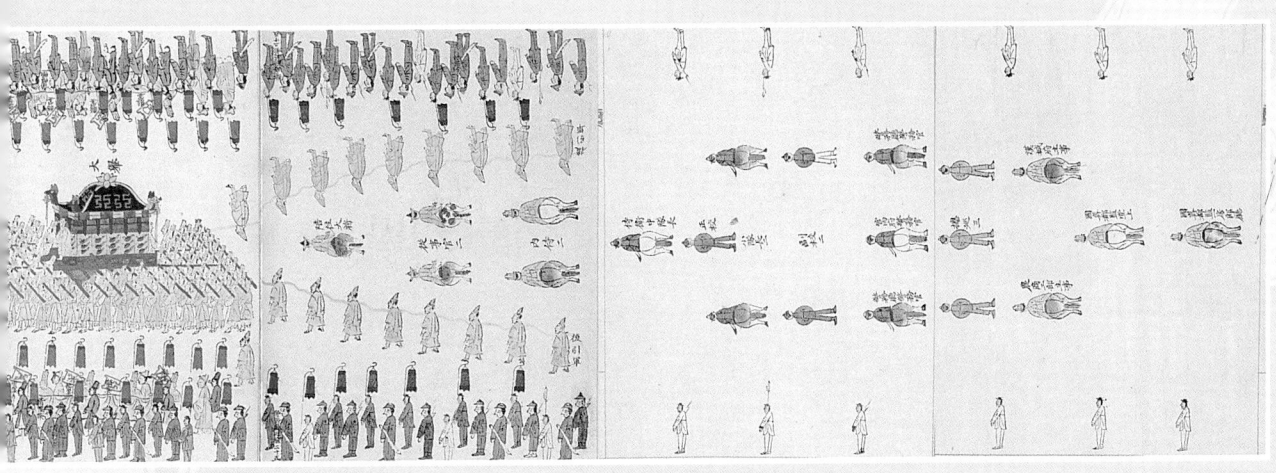

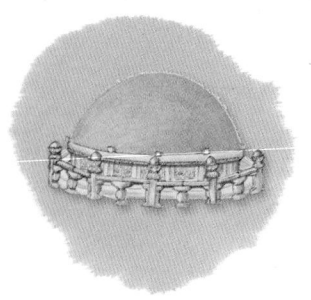

좋은 터에 자리 잡아요

수도
한 나라에서 중앙 정부가 있는 도시를 말해요.

왕릉은 왕의 무덤인 만큼 좋은 자리를 찾아 공들여서 만들어요. 물론 후대 왕들이 가기 편하고 관리하기 쉬운 수도 주변에 만드는 것이 첫 번째 원칙이었어요. 하지만 그렇다고 해서 수도 주변 아무 곳에나 만드는 것은 아니에요. 좋은 터를 고르고 골라 능을 만들지요. 좋은 터란 봄, 여름, 가을, 겨울 내내 햇빛이 잘 들고, 바람이 세게 불지 않아서 항상 따뜻한 기운이 있는 곳을 말해요. 그리고 주변에서 물을 구하기가 쉬운 곳을 가리켜요. 다시 말하면 뒤쪽은 산으로 둘러싸여 있어서 바람을 막아 주고, 앞쪽으로는 물이 흐르는 곳을 의미하지요. 이를 풍수지리에서는 '배산임수'라고 해요. 배산임수 지형은 예부터 무덤 자리뿐만 아니라 사람이 살기에도 좋은 조건을 갖춘 곳으로 여겨져 왔지요.

풍수지리가 뭐예요?

산과 땅, 물 등을 판단해서 사람의 운이 좋고 나쁜 것, 또 화와 복을 설명하는 것을 말해요. 무덤 터나 집터 등을 고르는 원리이지요. 그리고 이것을 학문으로 만들어 낸 것이 풍수지리학이에요. 풍수지리에서 '풍수'란 '바람을 막는다.'는 뜻인 '장풍'과 '물을 얻는다.'는 의미의 '득수'가 합쳐진 말이에요.

풍수지리에서 좋은 터로 일컫는 지형은 뒤쪽으로는 산에 둘러싸여 있고, 앞쪽에는 물이 흐르는 '배산임수' 지형이에요.

일본이 끊으려고 한 우리 민족의 기

일본은 우리나라 전국의 명당 자리에 쇠말뚝을 박았어요. 우리 국토에 흐르는 좋은 기의 흐름을 쇠말뚝을 박아 막으려고 한 것이지요. 게다가 태실을 찾아 지금의 서삼릉이 있는 곳에 한꺼번에 모아 묻기까지 했답니다. 태실은 왕세자 및 왕자, 공주들의 탯줄을 보관한 항아리예요. 조선과 왕실이 번창하는 것을 막으려는 일본의 의도가 숨어 있는 것이지요. 예로부터 우리 민족

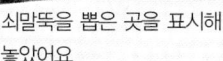

일본이 우리 민족의 기 흐름을 끊기 위해 박았던 쇠말뚝

쇠말뚝을 뽑은 곳을 표시해 놓았어요.

은 이것을 전국의 명산과 명당에 잘 보관해 왔거든요. 탯줄을 명당에 묻어야 일생 동안 복을 받고 후손이 번창한다는 믿음에서였지요.

일본이 우리나라의 기를 끊으려고 한 의도는 또 다른 곳에서도 확인할 수 있어요. 경복궁 안에 세워 놓은 불탑이 그것이에요. 조선 시대에 나라에서 믿고 따르던 종교는 유교인데, 조선의 궁궐에 이렇게 불탑을 세운 것은 조선의 유교 전통을 무시하고 왕궁의 기를 눌러 우리 민족을 지배하려는 것이었어요.

경복궁의 부도

특히 우리 조상들은 태백산맥에서부터 연결된 산맥의 끝에 땅의 기운이 모아진다고 믿었어요. 그런데 그 기운이 여기저기로 흩어지면 소용이 없고 산맥 끝에 있는 산이 기운을 모은 듯이 손을 오므린 모양을 한 곳을 명당으로 보았답니다.

하지만 이런 곳이 많지 않고, 더욱이 서울 주변에서는 찾기가 힘들어 왕릉을 만들기 위해서 다른 사람이 이미 묻혀 있는 무덤을 빼앗기도 했어요. 이렇듯 조선 시대에는 신분이 엄격하게 나뉘어 있었기 때문에 죽은 뒤에도 신분에 따라 좋은 터를 차지할 수도, 그렇지 못할 수도 있었답니다.

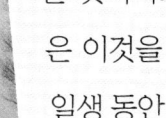

🔵 **태백산맥**
강원도, 경상남북도의 동부를 남북으로 길게 뻗어 있는 산맥을 말해요.

🔵 **명당**
풍수지리에서 말하는 좋은 묏자리나 집터를 이르는 말이에요.

산을 만들고 물을 흐르게 하라!

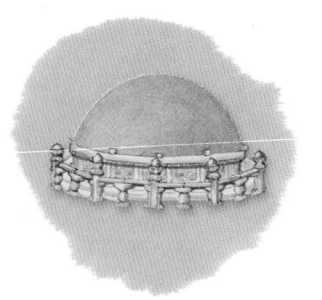

생업

생활에 필요한 돈을 벌기 위해서 하는 일이나 직업을 말해요. 따라서 조선 시대 백성들은 돈 한 푼 받지 못하고 왕릉을 만드는 일을 하느라 어렵고 힘든 생활을 할 수밖에 없었어요.

앞에서 살펴본 것처럼 옛 사람들은 풍수지리에서 말하는 좋은 왕릉 터를 찾느라 공을 많이 들였어요. 하지만 아무리 찾고 골라도 좋은 자리가 없으면 땅을 직접 일구어서 좋은 터로 바꾸기도 했어요. 배산임수와 같은 지형을 만들려면 산을 만들고, 물을 흐르게 해야 했기 때문에 공사 비용이 어마어마하게 들었어요. 특히 왕릉은 일반 묘보다 공을 들이기 때문에 더 많은 공사 비용이 들었지요. 왕릉을 만드는 데 동원된 사람만도 5천 명에서부터 많게는 1만 5천 명이 넘는 경우도 있었다고 해요. 그런데 이렇게 많은 사람을 어떻게 모으느냐고요? 옛날에는 나라에서 하는 큰 공사에는 백성들이

일하도록 법으로 정해져 있었어요. 하지만 왕릉을 세우는 데 동원된
백성들에게 월급은커녕 제대로 된 밥과 공사 도구조차 주어지지
않았다고 해요. 아무리 법으로 정해져 있다고 하더라도 생업을
버려둔 채 나라의 일을 해야 하는 백성들에게는 가혹한 일이었지요.
때문에 백성들의 원성과 반발을 사기도 했어요.

왕릉은 이렇게 많은 사람들의 노력과 희생으로
만들어지기 때문에 좋지 않은 땅을 추천하거나 능을
만드는 과정에서 작은 실수라도 하면 처벌을 받기도
했어요. 심한 경우에는 사형을 당한 신하도 있었답니다.
웅장한 왕릉의 모습 뒤에는 숨겨진 이야기들이 많이
있지요.

조선 시대 백성의 의무

조선 시대에 백성들을 동원해서 일
하도록 하는 것을 '역'이라고 해요.
역은 군대에 가는 의무인 '군역'과
각 마을에 도로를 새로 만들거나 제
방을 쌓는 일, 각종 토목 공사 등의
일을 하는 데 동원되는 '요역'으로
나뉩니다. 왕릉을 만드는 일은 이
가운데 요역에 해당되는 일로, 백성
들이 번갈아 가며 일을 하게 되어
있었어요.

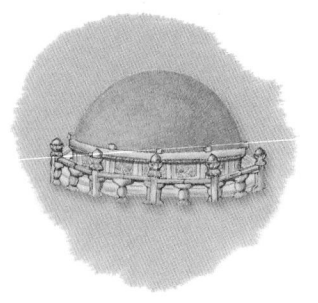

궁에서 멀리 있는 왕릉도 있다고?

삼국 시대와 고려, 조선 시대의 능은 대부분 수도 주변에 자리 잡고 있어요. 관리하기 쉽고 후대 왕들이 찾아가 보기 편한 까닭이지요. 하지만 수도 주변에 있지 않은 능도 있어요. 왕릉을 수도 가까이에 두지 않은 사연이 무엇인지, 또 어떤 왕의 능인지 궁금하지요?

서울 가까이에 위치하지 않은 조선 시대의 능은 바로 '장릉' 이라고 불리는 단종의 무덤이에요. 단종은 작은 아버지인 세조에 의해 왕의 자리에서 쫓겨나 강원도 영월로 유배를 갔다가 그곳에서 목숨을 잃었답니다. 당시 세조는 "단종의 시신을 옮기면 삼족을 멸하겠다."는 엄명을 내렸기 때문에 죽어서도 서울로 돌아올 수 없었어요. 백성들에게 단종의 죽음이 알려지지 않도록 하려 했던 것이지요. 또한 단종의 무덤을 아무도 돌보지 못하도록 내린 명령이기도 해요. 장릉은 작은 아버지에게 왕의 자리를 빼앗기고

삼족
아버지와 아들과 손자, 그리고 부모와 형제와 처자, 또 친가와 외가, 아내의 가족을 가리키는 말이에요. 옛날에 반역죄를 지으면 삼족을 멸하게 했는데, 사실 죄인의 친척 모두를 말하기 때문에 그 가문 자체가 사라지는 큰 벌이랍니다.

장릉
후대의 왕이 단종의 처지를 안타깝게 여기고 능을 만들었지만 단종의 불쌍한 처지가 바뀐 것은 아니에요. 능이라고 하기에 크기도 작고 능에 딸린 건물이나 조각상이 제대로 갖추어져 있지 않기 때문이지요. 단종의 능은 단종의 슬픈 삶을 그대로 보여주고 있어요.

조선의 6대 왕인 단종을 추모하고, 충절을 지키다 죽은 신하들을 기리기 위해 해마다 장릉에서 제사를 올려요.

건원릉
태종은 태조의 유언을 따르지
않고 서울 주변에 능을 만들어요.
대신 함흥에서 갈대를 구해 와
능에 심었지요. 그런데 신기한
것은 무려 600년 넘게 세월이
흐른 오늘날에도 그 갈대가
무성하게 자라고 있다는 것이에요.
조선 시대 왕릉 가운데 갈대를
심은 능은 태조가 묻힌 건원릉
하나밖에 없답니다.

무덤조차 보살핌을 받지 못했던
단종의 슬픈 삶이 담겨 있어요.

또 왕 자신이 원해서 수도가
아닌 곳에 만든 왕릉도 있어요.
그 주인공은 조선을 건국한
태조랍니다. 태조는 원래 둘째
왕비가 낳은 아들 방석에게
왕위를 물려주려고 했지요.
하지만 첫째 왕비의 아들들이
불만을 품었지요. 가장 불만이
많았던 다섯째 아들 이방원은
결국 방석을 죽이고 말았어요.
이 사건을 '1차 왕자의 난' 이라고

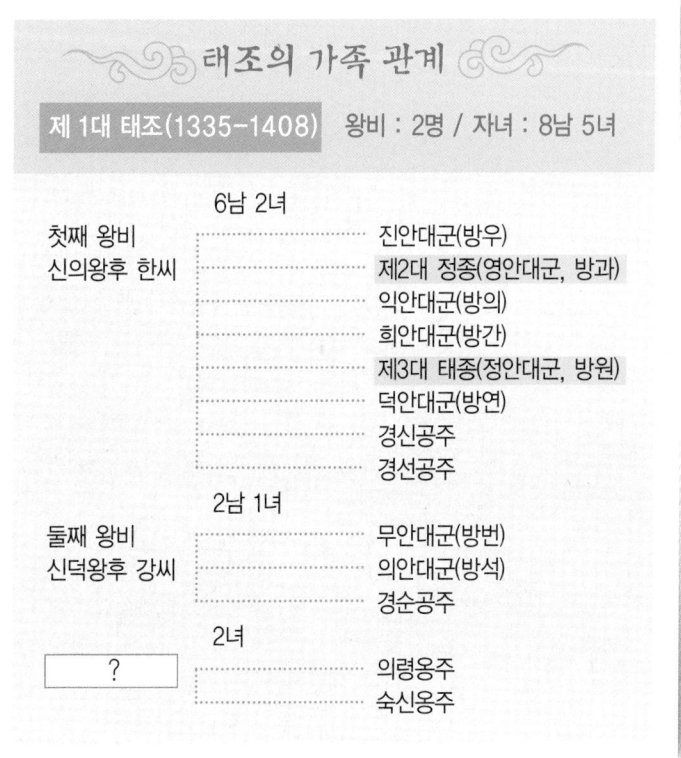

태조의 가족 관계

제 1대 태조(1335-1408)   왕비 : 2명 / 자녀 : 8남 5녀

첫째 왕비 신의왕후 한씨	6남 2녀	진안대군(방우)
		제2대 정종(영안대군, 방과)
		익안대군(방의)
		회안대군(방간)
		제3대 태종(정안대군, 방원)
		덕안대군(방연)
		경신공주
		경선공주
둘째 왕비 신덕왕후 강씨	2남 1녀	무안대군(방번)
		의안대군(방석)
		경순공주
?	2녀	의령옹주
		숙신옹주

해요. 태조는 어쩔 수 없이 다른 아들을 왕위에 앉히지요. 이 왕이
정종인데, 정종은 태조의 둘째 아들이지만 첫째가 이미 죽었기
때문에 왕위에 오르게 된 거예요. 하지만 권력 욕심이 많았던

이방원은 정종이 하는 정치에 이런저런 간섭을 하다가 이번에는 셋째와 넷째 형을 죽이는 '2차 왕자의 난'을 일으켜요. 두려움에 떨던 정종은 결국 이방원에게 스스로 왕위를 물려줍니다. 왕위에 오른 이방원은 제 3대 왕이 되어 태종이라고 불리지요.

이렇게 자신의 아들들이 이방원의 손에 차례차례 죽는 모습을 볼 수밖에 없었던 태조는 방원이 결국 왕위에 오르자 몹시 언짢아하며 고향인 함흥으로 가 버리고 말아요. 그러고는 방원이 아무리 심부름꾼을 보내어 태조를 모셔 오려 해도 결코 돌아오지 않지요. 태조는 나중에 여러 신하들의 조언을 듣고 어쩔 수 없이 서울로 돌아오기는 하지만 무덤만은 꼭 함흥에 두기를 원했어요. 하지만 살아 생전에도 태조의 뜻을 받들지 않았던 이방원은 그 유언도 듣지 않고 서울 주변에 아버지 태조의 능을 만들지요. 이것이 바로 건원릉이에요.

'함흥차사'가 뭐예요?

태종 이방원은 자신이 왕위에 오르자 함흥으로 간 아버지 태조에게 용서를 빌고 서울로 모셔 오고자 신하들을 함흥으로 보냈어요. 그 신하들을 '차사'라고 부르지요. 하지만 이방원이 아무리 기다려도 차사들은 돌아오지 않아요. 아들 이방원에게 크게 화가 난 태조가 차사들을 모두 죽였기 때문이지요. 그 후로 심부름 간 사람이나 기다리는 사람이 아무리 기다려도 소식이 없을 때 '함흥차사'라는 말을 쓰게 되었답니다.

여기서 잠깐!

왕릉의 위치를 표시해 보세요!

오른쪽 지도는 서울 주변과 강원도를 그려 놓은 거예요. 대부분의 왕릉은 서울에서 가까운 곳에 위치해 있다고 했어요. 그런데 단종이 잠들어 있는 장릉은 먼 영월에 있지요? 서울에서 얼마나 멀리 있는지 지도를 보고 맞는 번호에 동그라미해 보세요.

▶힌트 : 서울에서는 멀지만 충청북도와 가까운 곳에 있어요.

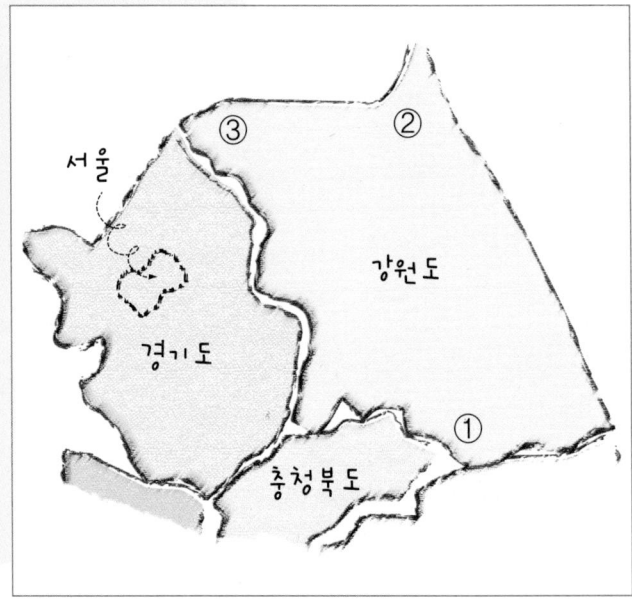

정답은 56쪽에

갈비집 간판에 능 이름이 많은 이유는?

거리를 걷다 보면 수많은 간판을 만나게 되지요? 그 가운데 갈비집 이름에 능 이름이 들어가는 경우를 많이 보게 돼요. 태릉갈비, 홍릉갈비 같은 이름 말이지요. 그런데, 갈비집 이름에 능 이름이 붙게 된 까닭은 무엇일까요?

조선 시대에는 아무리 자기 재산이라고 하더라도 소를 마음대로 잡을 수 없었어요. '농자천하지대본' 이라고 해서 농업을 중요하게 여기는 사회였거든요. 때문에 농사를 짓는 데 중요한 역할을 하는 소를 잡으려면 관청의 허가를 받아야만 했지요. 그러니 일반 백성들이 소고기를 먹는다는 것은 꿈도 꿀 수 없는 일이었지요. 하지만 이러한 조선 시대

에도 허가 없이 소를 잡는 경우가 있었는데, 바로 능제를 지낼 때예요. 능제는 조상에게 지내는 제사가 아니라 능에서 직접 지내는 제사를 가리켜요. 이 능제 때 음식에 쓰이는 소고기 덕택에 왕릉 주변에 사는 백성들은 소고기 요리를 맛볼 수 있었고, 고기 맛을 알게 되자 소고기 요리를 맛있게 만들 수 있게 되었답니다. 능 주변의 소고기 요리가 유명해지자 조선 시대 능 이름을 내건 요리집들이 하나 둘씩 생겨난 것이 오늘에까지 이어진 것이지요.

왕릉 이름만 봐도 삶이 보여요

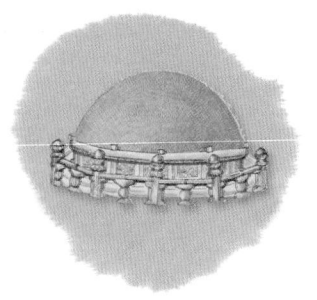

폐위
왕이나 왕비 자리에서 쫓아내는 것을 이르지요.

반정
나쁜 왕을 쫓아내고 새 왕이 들어서는 일을 말해요.

저마다 다른 왕릉 이름은 어떻게 붙이는 걸까요? 그것은 왕이나 왕비가 어떤 사람이었는지를 보여 줄 수 있는 이름을 붙이는 경우가 많았어요. 단경왕후의 무덤은 '온릉'이라고 하는데, 이 이름은 단경왕후의 삶을 잘 나타내 주지요. 단경왕후는 폭군인 연산군을 폐위시키고 반정으로 왕위에 오른 중종의 첫 번째 왕비랍니다.

하지만 왕비의 고모가 연산군의 부인이라는 이유로 중종이 왕위에 즉위한 지 7일 만에 쫓겨나고 말지요.

정순왕후가 묻혀 있는 '사릉'은 정순왕후가 매일 동산에 올라가 단종을 생각했다고 해서 붙여진 이름이에요.

때문에 왕비는 언제나 남편인 중종의 따뜻한 정을 그리워하며 살았다는 뜻으로 능 이름에 '온' 자가 들어가게 된 것이에요. '온'은 한자로 '따뜻하다.'는 뜻을 담고 있거든요.

정순왕후의 능인 '사릉'도 왕후의 삶을 보여 주는 이름이에요. 정순왕후는 단종의 왕비로, 세조에게 죽임을 당한 단종을 생각하며 매일 동산에 올라가 생각했다고 해서 '생각한다.'는 뜻의 한자인 '사' 자를 넣어 이름을 지은 것이에요. 다른 능의 이름도 능에 묻힌 왕이나 왕비의 삶과 연관시켜 의미를 생각해 보면 기억하기도 쉽고 재미있을 거예요.

왕릉의 이름과 마찬가지로 왕의 이름도 왕이 죽은 이후에 붙인 것이에요. 어린이 여러분은 종묘에 가 본 적이 있나요? 종묘는 왕의 **신위**, 즉 **위패**가 모셔져 있어서 왕의 조상들에 대한 제사를 지내는 곳이에요. 이때 제사를 모시려면 왕의 이름을 알아야 해요. 하지만 왕의 살아 생전 이름을 함부로 부르면 안 되기 때문에 다른 이름을 붙여 부른답니다. 그 이름을 '묘호'라고 하는데, 우리가 알고 있는 왕의 호칭은 대부분 이 묘호랍니다.

왕의 업적을 보여주는 묘호

묘호는 대부분 왕이 쌓은 업적과 관련이 있어요. 가장 대표적인 인물이 광개토대왕과 장수왕입니다. '광개토'란 '땅을 넓혔다.'는 뜻이고 '장수'는 '오래 살았다.'는 뜻을 가지고 있답니다. 어때요? 재미있지요? 또 이런 것도 있어요. 고려 말에 우리나라가 잠시 몽골의 후예인 원나라의 간섭을 받았던 적이 있었어요. 당시 왕들은 원나라에 충성을 다한다는 의미로 이름에 '충' 자를 붙이게 되었어요. 충선왕, 충목왕이 그 예들이지요.

🔵 **신위**
죽은 이의 영혼이 의지 할 자리를 가리켜요.

🔵 **위패**
죽은 이의 이름을 적은 나무로 만든 판을 말해 요.

조선 시대 왕과 왕비들의 신위를 모신 종묘에서는 해마다 5월 첫 번째 일요 일에 제사를 지내요. 그 제사를 '종묘제례'라고 한답니다.

선릉으로 가요!

이제 왕릉에 대한 궁금증이 풀렸나요?

그럼, 우리 함께 선릉 답사를 떠나 보아요.

참, 답사를 하기 전에 "아는 것만큼 보인다."라는 말의 뜻부터 생각해 봅시다. 이 말은 답사를 하기 전에 답사할 곳에 대해서 많이 알고 갈수록 답사 현장에서 많은 것을 보고 느낄 수 있다는 뜻이에요. 유물의 명칭 하나하나, 유물이 만들어진 이유, 유물이 만들어졌던 시대 상황 등을 공부해 두면 그만큼 도움이 될 거예요.

특히 선릉은 조선 시대 제 9대 왕 성종이 묻혀 있는 곳이에요. 왕의 무덤이 있는 곳인만큼 예의 바르고 정숙한 마음으로 답사를 해야 한다는 것 잊지 마세요!

그럼, 출발할까요?

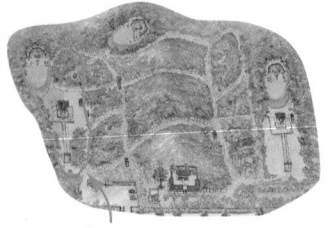
여기예요

성종이 잠들어 있는 선릉

선릉의 상설도
이곳에는 조선의 제 9대 왕인 성종이
잠들어 있어요. 경건한 마음으로 홍살문을
들어선 뒤, 어도를 걸어서 정자각을
살펴보고, 능을 돌아보아요.

곡장

석양

석호

병풍석

망주석

상석(혼유석)

장명등

무인석

문인석

석마

정자각

서계

동계

신계

신도

참도

어도

홍살문

배위

성종은 조선의 정치 체계를 완성시킨 왕으로, 역사적으로 인정받고 있어요. 하지만 자식 농사만큼은 실패했다고 할 수 있는 왕이지요. 조선 시대 최고의 폭군으로 알려져 있는 연산군이 바로 성종의 맏아들이니까요.

성종과 **사림파**는 연산군이 어릴 때 연산군의 어머니를 죽게 하는데, 성종은 이 사실을 100년 동안 비밀로 하라고 **유언**을 남깁니다. 성종이 죽은 후, 신하들은 연산군이 그 사실을 모르게 하기 위해서 성종과 연산군의 어머니인 정현왕후의 능을 강 건너 강남에 만들게 했어요. 그리고 혹시 땅속에서 나쁜 기가 새어 나올 것을 막기 위해서 병풍석을 만들어 놓았어요.

하지만 피해 갈 수 없는 것이 있었어요. 무덤 앞에는 무덤 안에 있는 사람을 소개하는 비석을 세우는데, 그 비석의 내용은 거짓이 하나도 없어야 하거든요. 결국 비석에 연산군의 친어머니와 그 죽음에 대해서 쓰게 되고 연산군이 그 사실을 알게 되었답니다. 그 후 연산군은 대왕대비 마마인 할머니에게 이 사실을 따지다가 머리로 받아 죽게 만들었어요.

결국 연산군은 왕위에서 물러나게 되고, 능도 성의 없이 만들어졌어요. 또한 왕위에서 쫓겨난 왕이기 때문에 '능'이라는 이름도 얻지 못하고 '연산군묘'라고 불리지요.

성종이 묻힌 선릉은 이후에도 임진왜란 때 왜병들에 의해 파헤쳐지는 등 온갖 수모를 겪습니다.

🔘 **사림파**
조선 시대 중기에 사회와 정치를 주도한 세력을 가리키는 말이에요.

🔘 **유언**
죽기 전에 부탁하여 남기는 말을 뜻해요.

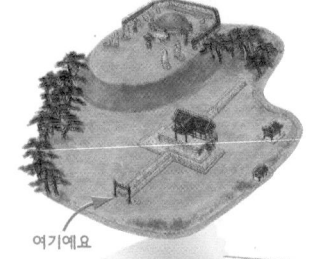

여기에요

금천교를 건너 홍살문을 지나요

선릉의 홍살문
선릉 홍살문의 살
개수는 9개가 아니에요.

🔵 **사찰**
절을 말해요.

금천교와 비호교

능에서 금천교가 사라진 경우도 많지만 이름이 바뀐 곳도 있어요. 예종의 능인 창릉 안에 있는 금천교는 비호교라는 군대식 이름으로 불리지요. 이것은 창릉 근처에 있는 부대의 영향을 받은 것이에요. 우리나라 역대 대통령 가운데에는 군인 출신이 세 명이나 되기 때문에 우리 문화유산에까지 군대 문화가 영향을 끼친 것이지요.

경복궁과 같은 궁궐에도 금천교가 있어요.
경복궁에 가게 되면 금천교를 꼭 찾아보세요!

선릉에 들어서면 가장 먼저 홍살문을 만나요. 홍살문은 능의 입구에 들어섰다는 뜻이에요. 신의 세계와 인간 세계의 경계를 의미하지요. 즉, 홍살문으로 들어서면 인간 세상에서 신의 세상으로 들어간다는 뜻이랍니다. 여기서부터는 몸가짐을 단정하고 경건하게 가져야 해요. 홍살문은 불교 **사찰**에 있는 일주문, 가야의 솟대, 일본 신사의 도리이와 그 모습과 의미가 비슷하답니다.

홍살문에서 '홍살'이란 '붉은색 창살'이라는 뜻이에요. 이때 '살'은 예외도 있지만 보통 아홉 개랍니다. 예부터 우리 민족이 가장 좋아하는 숫자가 3인 데서 나온 것이지요. 숫자 3이 세 개가 모이면 9가 되니까요. 때문에 숫자 9는 3이 세 번 반복된다고 해서 행운을 가져다 주는 숫자라고 여겼던 것이에요. 그래서 옛 사람들은 9가 들어가는 날짜에 일을 쉬기도 했답니다. 중국에서는 지금도 9월 9일을 중요한 날로 여긴다고 해요. 홍살을 9개 만들어 놓은 데에도 깊은 뜻이 있지요?

대개의 능은 이 홍살문을 지나기 전에 금천교라는 다리가 있어요. 금천교는 진정한

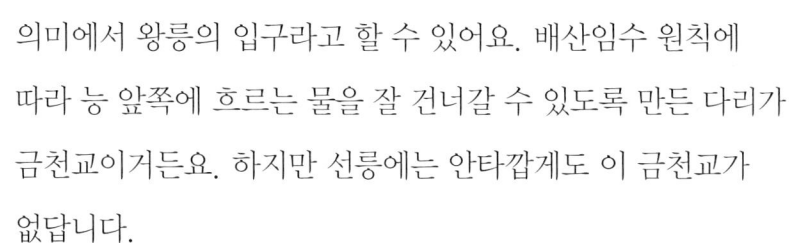

의미에서 왕릉의 입구라고 할 수 있어요. 배산임수 원칙에 따라 능 앞쪽에 흐르는 물을 잘 건너갈 수 있도록 만든 다리가 금천교이거든요. 하지만 선릉에는 안타깝게도 이 금천교가 없답니다.

광릉의 홍살문
홍살이 11개랍니다.

정릉의 홍살문
홍살이 9개랍니다.

여기서
잠깐!

홍살문에 있는 살의 개수를 세어 보세요!

홍살문의 살 개수는 9개라고 했어요. 여기에서 '살'이란 정확히 어느 부분을 말하는 걸까요? 오른쪽 그림에 표시해 보세요. 그리고 살의 개수가 정확히 아홉 개가 맞는지도 세어 보세요.

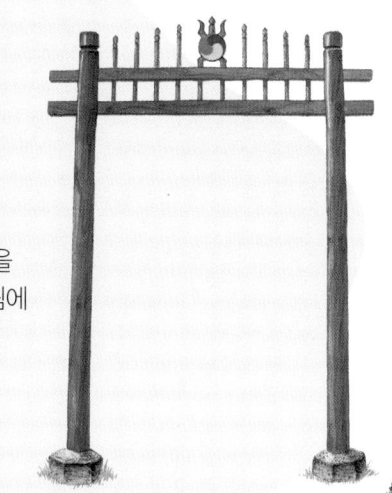

정답은 56쪽에

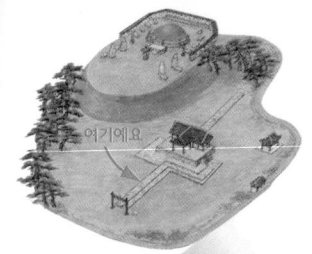

신과 인간이 따로 걸어가는 참도

선릉의 참도
신도와 어도의 높이가
달라요.

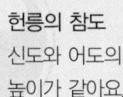
목례
눈짓으로 가볍게 하는
인사를 말해요.

홍살문을 지나면 정면에 길이 길게 나 있는 게 보일 거예요. 이 길을 '참도'라고 하지요. 그런데 이상한 점이 있어요. 참도를 자세히 보면 왼쪽과 오른쪽의 높이가 조금 차이가 나요. 약간 높은 쪽을 '신도'라고 하는데, 이름이 말해 주듯이 신이 지나가는 길이지요. 그래서 사람이 함부로 지나다니면 안 된답니다. 만약 신도를 가로질러서 넘어야 할 일이 있으면 가볍게 **목례**를 하고 넘어가야 해요. 그리고 참도 오른쪽에 신도보다 약간 낮은 곳은 '어도'라고 하지요. 이 길로는 왕이 지나다녀요. '어' 자가 왕을 뜻하거든요. 보통 신도와 어도의 높이는 약 5~10센티미터 정도 차이가 나지요. 하지만 어떤 곳은 신도와

여러 가지 모양의 참도
신과 인간이 따로 걷게 만들어 놓은 참도는 능에 따라 다르게 만들어 놓기도 했어요. 어떻게 다른지 살펴보아요.

헌릉의 참도
신도와 어도의
높이가 같아요.

홍릉의 참도
가운데 솟아
있는 것이
신도이고,
양옆으로 낮게
만들어 놓은 것이
어도랍니다.

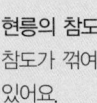

현릉의 참도
참도가 꺾여
있어요.

강릉의 참도
신도와 어도의
높이에 큰
차이가 있어요.

선릉의 배위

어도의 모양이 아예 다른 곳도 있답니다.

　참, 그런데 참도를 걸어가기 전에 먼저 확인할 것이 있어요. 참도가 시작되는 곳 오른쪽에 정사각형 모양의 돌을 볼 수 있을 거예요. 이것은 '배위'라고 하는데 홍살문 앞에서 절을 하고 들어가도록 만든 곳이랍니다.

　이제 정말 참도를 걸어가 볼까요?

참도는 특별한 돌로 만들어요!

참도는 미끄러지거나 눈이 부시지 않는 돌을 판판하게 잘라 만든 박석으로 만든답니다. 우리나라에서 참도가 가장 잘 정리된 곳은 경복궁 근정전 앞마당이지요. 임금님이 머무는 곳인만큼 궁궐을 이루는 하나하나가 정성스럽게 잘 만들어져 있답니다.

경복궁 근정전 앞에 있는 박석

여기서
잠깐!

◉배위를 찾아보세요!

다음은 선릉을 그린 그림이에요. 그런데 한 가지가 표시되어 있지 않아요. 바로 절을 하도록 만들어 놓은 배위예요. 지도에서 배위가 어디에 있어야 할지 표시해 보세요.

☞ 정답은 56쪽에

제사를 지내는 정자각

선릉의 정자각
왕릉에서는 이 정자각에 음식을 차려 놓고 제사를 지낸답니다.

참도를 따라 올라가다 보면 큰 건물이 한 채 보여요. 이 건물을 '정자각' 이라고 하지요. 정자각은 무덤에 제사를 지내는 곳인데, 일반 무덤에 제사를 지내는 곳과는 모습이 달라요. 그런데 참도에서 이어진 길이 정자각 정면으로 올라가는 게 아니라 오른쪽 옆에 있는 계단으로 올라가게 되어 있어요.

계단은 두 개가 있는데, 두 개 가운데 왼쪽에 있는 계단은 신도에서 연결되고 신이 올라가는 계단이라고 해서 '신계' 라고 부른답니다. 오른쪽에 있는 계단은 동쪽 계단이라고 해서 '동계' 라 하지요. 그런데 이상한 것은 정자각 오른쪽에는 계단이 두 개인데, 왼쪽에는 하나라는 점이에요. 왜 그럴까요? 생각해 보세요. 참도에서부터 혼령과 제사를 지낼 사람들이 같이 걸어와서 각자 정해진 계단으로 정자각에 올라가요. 제사를 지내고 나면 혼령은 능에 있게 되니까 왼쪽에는 하나만 있어도 되는 것이지요.

채
집을 세는 단위예요.

정자각 지붕의 모양

용 머리랍니다.

서유기에 나오는 주인공들을 본떠 만든 잡상이에요.

정릉에 있는 정자각
지붕과 지붕을 단순한 모양으로 맞댄 모양의 지붕을 이고 있어요.

그럼, 정자각 왼쪽에 있는 서계로 한번 내려가 볼까요? 조금 떨어져서 정자각을 한번 보세요. 먼저 지붕을 볼까요? 지금 보고 있는 지붕을 맞배지붕이라고 불러요. 맞배지붕은 주로 평범한 건물에 쓰였는데, 특히 궁궐에서는 왕이 사용하는 건물을 빼고는 대부분 이 맞배지붕을 사용했어요. 맞배지붕 말고는 팔작지붕이라는 것이 있지요. 정면에서 보면 숫자 '여덟'을 뜻하는 한자 '八' 처럼 생겼다고 해서 붙여진 이름이에요. 화려한 건물이나 규모가 큰 건물에 주로 쓰이지요. 보통 장례식이나 죽음과 관련된 건물은 화려함과는 거리가 멀기 때문에 정자각은 맞배지붕으로 짓는답니다.

그런데 특이하게도 정자각을 팔작지붕으로 짓던 때가 있었어요. 현종의 무덤인 숭릉이 대표적인데, 이 시기는 병자호란이 끝난 뒤, 명나라의 원수를 갚는다는 뜻에서 청나라를 정벌하자는 '북벌 운동'이

바로 이것이 혼유석 이에요.

혼유석
일반 묘에서는 무덤 앞 상석에 음식을 차려 놓고 제사를 지내요. 하지만 왕릉에서는 음식은 정자각에 따로 차려 놓고, 상석에는 영혼이 앉는다고 해서 혼유석이라고 부르지요.

정자각의 계단

신계는 신도에서 나온 것이기 때문에 신계라 하는 것이 맞는 표현이에요. 그런데, 어도에서 이어지는 계단은 어계라 하지 않나요? 그것은 제사가 끝나고 왕이 내려가는 계단이 정자각 왼쪽에 또 있기 때문이에요. 그래서 정자각 왼쪽과 오른쪽의 계단을 각각 서계와 동계라고 해요.

이 부분을 '합각'이라고 해요.

이 조각들을 '잡상'이라고 해요.

숭릉에 있는 정자각
팔작지붕을 올렸어요. 팔작지붕은 지붕 모양이 한자로 '여덟'을 뜻하는 '八' 자처럼 생긴 데서 붙은 이름이에요.

정벌
힘으로 적이나 죄가 있는 무리를 물리치는 것을 말하지요.

미개
아직 문명이 깨지 못한 상태를 말해요. 청나라를 세운 만주족은 문화와 문명이 발달하지 못했기 때문에 우리나라가 업신여겼던 민족이지요.

과시
자랑하며 내보이는 걸 가리켜요.

한창 벌어지고 있던 때예요. 하지만 북벌 운동은 청을 정벌한다는 것보다는 명의 땅을 대신 찾아 주겠다는 뜻이 더 강했지요. 본래 청나라를 세운 만주족은 문화가 발달하지 못하고 미개하다고 해서 우리나라가 멸시했던 민족이었거든요. 때문에 우리나라가 따르던 명나라가 청나라에게 망하자 우리나라는 자존심이 상한 것이지요. 그러다 보니 우리 문화가 발달해 있다는 것을 과시하기 위해서 크고 화려한 것을 좋아하게 되었고, 경건하고 소박해야 할 능에 있는 건물에 팔작지붕을 올린 거예요.

그러면 이제는 기둥을 한번 살펴볼까요? 기둥은 왜 세우는 것일까요? 물론 지붕을 받치기 위해서지요. 따라서 기둥은 건물의 크기에 따라 개수가 달라져요. 그러므로 규모가 작은 맞배지붕은 대체로 기둥의 개수가 적어요. 반대로 팔작지붕은 규모가 크기 때문에 맞배지붕보다 기둥을 조금 더 많이 세워요. 숭릉에 있는 정자각은 지붕의 크기가 크므로 기둥도 다른 곳보다 많지요. 그래서 건물이 무척 화려해 보인답니다.

여기서 잠깐!

어처구니를 세어 보세요!

정자각 지붕 끝에는 동물 상들이 올라앉아 있어요. 흔히 잡상이라고도 하는 이것을 '어처구니'라고 하지요. 이 어처구니를 다 만들어 놓아야 건물이 완성되었다고 할 수 있어요. 그런데 만약 건물을 모두 완성했다고 생각했는데 어처구니가 빠졌다는 것을 나중에 알게 된다면 당황스럽겠지요? 그래서 당황스럽고 난처할 때 "어처구니없다."는 표현을 쓰게 되었답니다.
자, 이제 어처구니의 개수를 세어 볼까요? 어처구니는 건물의 중요도에 따라 개수를 다르게 만들었어요. 사진은 선릉의 정자각과 경복궁의 근정전 지붕에 만들어 놓은 어처구니예요. 각각 몇 개인지 세어 보세요.

선릉 정자각 지붕에 있는 어처구니들

경복궁 근정전 지붕의 어처구니들

선릉 정자각 (　　　　　)개, 경복궁 근정전 (　　　　　)개

정답은 56쪽에

왕의 삶을 보여 주는 왕릉

왕릉에는 무덤을 지키는 수호신이라고 할 수 있는 석물(돌 조각상)을 세워요. 하지만 황제라고 불리는 조선 시대 마지막

정자각 앞에 놓인 홍유릉의 석물들

선릉 무덤 주변에 있는 여러 석물

왕인 고종과 순종이 묻힌 홍유릉은 무덤 주변에 석물이 없어요. 대신 정자각 아래에 석물을 두었지요. 이것은 중국의 황제 능 모습과 비슷해요. 왜 우리나라 왕릉을 중국 황제의 능처럼 만들었느냐고요? 조선 시대 말기에 고종은 일본을 피해 러시아 공사관으로 갔다가 돌아온 후에 대한 제국이라고 하는 황제 국가를 세워요. 때문에 황제라는 이름에 걸맞은 능을 만들었던 것이지요.

연산군묘와 광해군묘처럼 왕릉이라고 믿을 수 없을 만큼 초라한 무덤도 있지요. 두 왕은 모두 왕의 자리에서 쫓겨난 왕이기 때문에 왕의 대우를 해 주지 않고 군의 예우를 해 주었기 때문이에요. 석물을 고루 갖추고 있지도 않고 그 크기도 매우 작지요. 이름도 능이라고 하지 않고 연산군묘, 광해군묘라고 부르는 것에서도 알 수 있어요.

연산군묘(왼쪽)와 광해군묘(오른쪽) 한때나마 왕이었던 사람이 묻힌 무덤이라기에는 매우 초라하지요.

강으로 올라가요

선릉의 강

이제 정자각을 지나 좀 더 올라가 볼까요? 그런데 무덤이 바로 나타나지 않고 낮은 언덕처럼 약간 올라가야 하는 곳이 나오지요? 잔디가 깔려 있는 이곳을 '강'이라고 불러요. 강은 조선 시대의 왕릉과 삼국 시대에 만들어진 왕릉을 구분짓는 큰 특징 가운데 하나예요.

삼국 시대의 왕릉은 대부분 평지나 산에 무덤만 있는 것이 보통인데 비해, 조선 시대의 것은 풍수지리의 영향 탓인지 산과 같이 높은 곳을 만들거나, 아니면 산에 있더라도 나무나 풀 따위를 모두 없애고 무덤을 만들었어요.

강은 무덤에 따라서 경사가 조금씩 다른데,

신라 시대의 왕릉
강이 없고 평지에 지어 놓은 것이 특징이에요.

강의 경사가 가장 가파르고 긴 무덤은 세조의 무덤인 광릉과 태종의 무덤인 헌릉이에요. 그런데 신기하게도 이 두 왕에게는 공통점이 있어요. 그것은 원래는 왕이 될 사람이 아니었는데 순리를 거스르고 왕이 된 사람들이라는 점이지요. 때문에 이 두 왕이 왕위에

🔹 순리
마땅한 도리나 이치를 뜻해요.

오르기까지는 수많은 신하들의 반대를 물리쳐야 했답니다. 결국 세조와 태종은 많은 신하들의 피와 눈물을 뒤로 한 채 왕위에 올랐고, 왕 주변에는 아첨하는 무리들이 가득했지요.

정릉의 강
강한 힘을 과시하기 위해 강을 가파르게 만들기도 했어요.

　하지만 두 왕은 강력한 권력을 가지고 엄격하게 신하와 나라를 다스리려고 노력했어요. 그러나 한편으로는 자신이 정당한 과정을 거쳐 왕위에 오르지 않았기 때문에 강한 힘을 과시해서 백성들과 신하들로부터 우러러보이기를 바라는 마음 또한 간절했지요. 이처럼 강은 왕의 권위와 관련이 깊은 장소 가운데 하나라고 할 수 있어요.

여기서
잠깐!

♦무덤의 주인을 찾아보세요!

오른쪽 사진은 헌릉이에요. 여기에 묻힌 왕은 본래 왕이 될 위치가 아니었지만 힘으로 왕위에 오른 뒤에 강력한 왕권을 행사했어요. 그리고 자신의 강력한 왕권을 강조하기 위해 강을 길고 가파르게 만들었지요. 조선의 제 3대 왕이었던 이 왕은 누구일까요?

1. 태종　　　2. 세종　　　3. 고종

☞ 정답은 56쪽에

무덤 주변에 서 있는 조각들

선릉의 조각들

강 위로 올라가면 무덤이 보이고, 무덤 주변에 돌로 만든 조각들이 여러 개 있어요. 이것을 '석물'이라고 하지요. **문신**을 의미하는 문인석, **무신**을 의미하는 무인석, 이들이 타고 다니는 석마, 그리고 능의 **수호신** 역할을 하는 석호, 석양과 장명등, 망주석 등이 있어요.

이 중에서 무인석은 왕릉에만 세울 수 있었어요. 한 국가에서 무신을 지휘할 수 있는 사람은 왕이라는 뜻이 담겨 있기 때문이지요. 따라서 아무리 높은 권력을 갖고 있다고 하더라도 왕과 왕비를 빼고는 무덤에 무인석을 세울 수 없었답니다. 그 사실을 알 수 있는 대표적인 곳이 영조 어머니의 무덤인 소령원이에요. 영조는 효심이 지극해서 소령원을 조선 시대 무덤 가운데 가장 좋은 터에 자리잡게 하고, 크고 아름답게 만들었어요. 하지만 능 주위에 세우는 석물은 일반인의 무덤과 같을 수밖에 없었지요. 영조의 어머니는 숙빈 최씨로 왕비에 오른 적이 없거든요. 때문에 무덤의 이름도 '능'이 아니고 한 단계 낮은 '원'이에요. 연산군묘와 광해군묘에도 무인석이 없지요? 왕의 자리에서 쫓겨난 왕이어서 그렇답니다.

좀 더 자세히 살펴보아요. 보통 능과 문인석, 무인석은 서로 높이가 다른 세 개의 단에 세워 놓았어요. 하지만 헌종의 무덤인 경릉은 무인석과 문인석의 높이 차이가 없이 단이 두 개만 있어요. 성의 없이 석물을 만들었다는 뜻이지요. 석물의 크기도 작고 볼품이

문신
글을 익혀 학문으로 왕을 보필하는 역할을 하는 신하들을 일컫는 말이에요.

무신
쉽게 말하면 군인으로서, 무력적으로 왕을 보필하는 신하를 의미해요.

수호신
지키고 보호하는 신을 말하지요.

곡장

함부로 무인석을 세우면 안 돼!

만약에 왕이 아닌 양반이나 백성이 무덤에 무인석을 만들면 반란 행위가 돼요. 무인석을 세운다는 것은 그 사람이 군대를 지휘한다는 뜻이기 때문에 왕권에 반대하는 행동으로 보고 사형에 처하지요. 돌 조각상 하나에도 큰 의미가 담겨 있답니다.

석양

석호

석양

석호

병풍석

망주석

혼유석

망주석

문인석

문인석

석마

장명등

석마

석마

무인석

무인석

석마

석마

● **세도 정치**
왕실의 가까운 친척이나 신하가 강력한 권세를 잡고 정사를 마음대로 하는 정치를 말해요. 순종·현종·철종의 3대 60여 년 동안 안동 김씨, 풍양 조씨 가문에 의해 이루어진 정치를 뜻해요.

● **뇌물**
맡고 있는 일에 주어진 권력을 바라보고 일을 보아달라는 뜻으로 주는 돈이나 물건을 말해요.

없어 왕권이 약했음을 보여 주지요.

이처럼 헌종 재위 시절에 왕권이 약해진 것은 **세도 정치**와 관련이 있답니다. 능력이 없는 사람이 높은 벼슬에 오르거나 관리가 되기 위해 **뇌물**을 바치는 일도 생겨났지요. 따라서 신하들 대부분이 능력은 없으면서 돈으로 관직을 산 사람들로 가득 차게 되었지요. 왕이 제대로 정치를 할 수 없었을 뿐만 아니라 신하들도 왕보다는 권력을 가진 몇몇 사람들의 눈치만 보게 되면서 왕권이 약해졌어요. 자연히 왕릉을 만드는 데에도 공을 들이지 않게 되었지요. 능을 정성들여 만들면 좋은 기가 나와 왕이 잘되고, 그러면 자신들이 권력을 잃을 수 있기 때문에 일부러 왕릉을 허술하게 만들었지요.

광릉의 석호와 석양

심지어는 왕의 권위를 상징하는 석물을 작게 만들거나 아예 없애 버리는 경우까지 있었답니다.

이번에는 양과 호랑이 모습을 하고 있는 석양과 석호를 살펴볼까요? 석양과 석호는 능을 지키는 경호원이라고 할 수 있어요. 석양과 석호 역시 왕릉에만 있지요. 왕권과 관련이 있거든요. 왕권이 강한 시기에는 그만큼 경호원이 많이 필요하지요. 그래서 그런지 석양과 석호가 가장 많은 능은 세조의 능인 광릉이에요. 세조는 강력한 왕권을 유지했던 조선 시대 왕 가운데 하나였으니까요.

홍유릉의 석상들

선릉의 망주석
망주석이 곡장 안에 위치해 있어요.

연산군 묘의 망주석
곡장과 망주석의 차이가 벌어져 있어요.

광해군 묘의 망주석
망주석이 곡장 밖에 있어요.

다음으로 망주석을 볼까요? 무덤의 기가 나가지 못하도록 무덤의 삼면을 곡장이 둘러싸고 있지요. 곡장이 트여 있는 앞면에는 망주석을 세워, 능에 있는 좋은 기가 바깥으로 빠져나가지 못하도록 만들었어요. 때문에 모든 능에 있는 망주석은 곡장 안에 있지요. 곡장 밖에 두면 기가 새어 나갈 것이라 생각했던 것이지요. 그런데 망주석이 곡장 밖에 있는 경우도 있어요. 이것은 좋은 기가 빠져 나가도록 일부러 그렇게 만든 것이에요. 왕이지만 왕으로서 제대로 대우를 받지 못하고

죽었던 연산군묘와 광해군묘가 이렇게 만들어져 있답니다.

이번에는 장명등을 볼게요. 장명등은 이름에서도 알 수 있듯이 어두운 밤에 불을 밝히는 등이에요. 그런데 항상 사람이 있는 것도 아닌데 왜 등이 필요할까요? 이것은 좋은 기가 불꽃처럼 활활 타오르기를 바라는 뜻에서 세워 놓은 것이랍니다.

죽어서라도 왕이 될 테야!

망주석은 왕릉이 아니더라도 세울 수 있어요. 하지만 망주석이 기가 빠져나가는 것을 막는 역할을 한다는 점을 생각하면 일반 무덤에서는 제 역할을 하기 어렵답니다. 일반 무덤에는 곡장이 없기 때문에 망주석이 있어도 빠져나가는 기를 막을 수 없다는 것이죠. 또 망주석은 무덤이 어디 있는지 알리는 뜻도 담고 있지만 무덤이 있다는 것은 망주석을 굳이 세우지 않아도 알 수 있지요? 왕이 아닌 일반 백성들이 망주석을 세운 것은 죽어서라도 왕처럼 되고 싶은 소망을 표현한 것이라고 할 수 있답니다.

🔵 곡장
능, 원, 묘 등의 무덤 뒤에 둘러쌓은 나지막한 담을 곡장이라고 해요.

영릉의 장명등
이 능에는 세종이 잠들어 있어요.

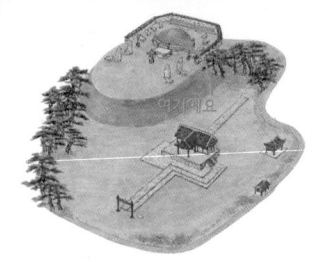

능에 도착했어요!

선릉의 능
바로 이곳에 성종이
잠들어 있어요. 선릉은
동원이강릉이지요.
정자각 왼편에 있는
것이 왕의 능이고,
오른편에 있는 것이
왕비의 능이에요.

혼령
죽은 사람의 넋을 가리
켜요.

드디어 능에 다다랐네요. 이제 능에 대해서 알아보도록 해요.

능은 5가지 종류로 나눌 수 있어요. 정자각 하나를 기준으로 그 안에 능이 하나만 있으면 '단릉', 능이 하나만 있는데 묻혀 있는 사람이 2명이면 '합장릉'이지요. 하지만 겉으로 보기에는 이 두 능이 같아 보이겠지요? 그럼 단릉과 합장릉은 어떻게 구별할까요? 이것은 상석 개수로 알 수 있어요. 능 앞에는 **혼령**이 앉을 수 있도록 만든 상석(혼유석)이 있다고 했지요? 단릉이면 혼령이 하나니까 상석이 하나만 있으면 되지만 합장릉의 경우에는 상석이 두 개 있어요. 혼령이 둘이니까요.

다음으로 무덤 두 개가 나란히 있는 것을 '쌍릉'이라고 해요. 왕과 왕비가 따로 묻혀 있는 것이지요. 이 경우에도 혼령이 둘이므로 상석도 무덤 앞에 하나씩 있답니다. 그런데 이렇게 나란히 놓여 있는 두 개의 무덤 중에 왕의 무덤은 어떤 것이고, 왕비의 무덤은 어느 쪽일까요? 우리가 무덤과 마주 보았을 때 왼쪽이 왕릉, 오른쪽이 왕비의 능이에요.

또 다른 무덤으로 '동원이강릉'이 있어요. 이것은 정자각 하나에 강이

융릉
혼유석이 하나만 있는 합장릉이에요.

두 개가 있는 것을 가리켜요. 쌍릉은 강이 하나 있고 능이 두

개이지만 동원이강릉은 강 자체가 두 개 있답니다.

마지막으로 '삼연릉' 이라는 것이 있는데, 능 세 개가 연달아 있는

것을 말해요. 이것은 능이 만들어졌던 시대에 왕권이 약했다는 것을

보여 주지요. 보통 왕비가 여럿이면 능을 따로 만드는데 왕권이

약했기 때문에 간소하게 한꺼번에 만든 것이에요.

그렇다면 이 세 개의 무덤 중에서 왕의

무덤은 어떤 것일까요? 가운데 것일 것

같다고요? 아니랍니다. 우리가 무덤을 마주

보았을 때 가장 왼쪽에 있는 것이 왕의

무덤이에요. 쌍릉의 경우 왼쪽의 것이 왕의

무덤이라고 한 것과 마찬가지로 음양오행에

따른 것이지요. 삼연릉은 우리나라에서는

헌종의 무덤인 경릉에서만 볼 수 있답니다.

헌릉은 대표적인 쌍릉이에요.

여기서
잠깐!

왕이 묻혀 있는 곳을 찾아보세요!

조선 시대의 왕릉은 모양이 모두
똑같지만은 않아요. 어떤 왕릉은 무덤이
한 개인 경우도 있고, 무덤이 두 개인
경우도 있어요. 그리고 세 개인 경우도
있답니다. 오른쪽의 사진은 삼연릉이에요.
이곳에는 조선의 제 24대 왕 헌종이
잠들어 있어요. 나머지 두 곳에는
효현왕후와 효정왕후가 잠들어 있지요.
과연 어디가 왕의 자리일까요?
사진에 표시해 보세요.

▶힌트 : 무덤을 마주 보고 섰을 때 가장 왼쪽에 있는 것이지요.
그런데 사진은 반대쪽에서 찍은 것이에요.

정답은 56쪽에

병풍석이 보이나요?

선릉의 병풍석

무덤 주변을 다시 살펴볼까요? 무덤 아랫부분에 돌로 만들어 놓은 것이 보이지요? 이것을 '병풍석'이라고 해요. 병풍석은 능을 웅장하고 화려하게 보이도록 하지요. 또한 좋지 않은 기를 누르기 위해서 왕릉에만 만든 것이에요. 병풍석을 만드는 데만 무려 5,000~6,000명 정도가 필요하다고 해요. 일하는 사람들은 생업을 버려 두고 동원된 백성들이었지요. 그만큼 병풍석을 만드는 데 시간과 비용이 많이 들었답니다.

세조는 백성들의 고통을 알고 백성들을 편안하게 하기 위해서 후대의 왕들은 절대로 병풍석을 만들지 말 것을 유언할 정도였어요. 물론 자신의 무덤에도 병풍석을 만들지 말라고 명령했지요. 이 때문인지 이후로 대부분의 왕릉에 병풍석을 만들지 않았어요. 그런데 세조 이후 성종의 선릉, 중종의 정릉, 중종의 왕비 문정왕후의 태릉, 중종의 아들 명종의 강릉에 병풍석이 세워졌어요. 여기에는 모두 특별한 사연이 있답니다.

성종은 풍수지리에 기대서라도 아들 연산군과 한스럽게 죽은 **폐비** 윤씨의 원한을 피하고 싶은 마음에서 병풍석을 만들었어요. 그리고

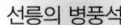

문무왕의 유언

삼국 시대에도 백성을 위해 왕릉을 만들지 말라는 왕이 있었어요. 바로 신라의 문무왕이지요. 문무왕은 왕위에 올라 전쟁을 치르며 두 나라를 무찔러 겨우 어지러운 세상을 바로잡았어요. 그런데 자신이 죽어 왕릉을 만든다면 백성들을 고생시키고, 재물을 허비하게 될 것이라며 자신이 죽으면 화장해 장례를 검소하게 치르라는 유언을 남겼답니다.

폐비
왕비의 자리에서 물러나게 하는 것 또는 물러난 왕비를 말해요.

광릉의 병풍석
병풍석이 없어지기 시작했어요.
세조가 병풍석을 만들지 말라는
유언을 남겼거든요.

정릉과 태릉 그리고
강릉에 병풍석을 세운
것은 문정왕후의
허영심에서 비롯된
것이지요. 특히 명종의
강릉은 병풍석 만들
자리는 생각하지 않고 무덤을 만들었다가 나중에 병풍석을 세웠기
때문에 병풍석끼리 부딪히기도 하고 어떤 부분은 벌어져 있답니다.
　문정왕후는 아들인 명종이 자신의 말을 듣지 않는다며 왕의
종아리를 회초리로 때린 것으로 유명합니다. 아무리 어머니라고
해도 왕을 때린다는 것은 상상할 수도 없는 일이거든요. 이렇듯
문정왕후는 권력을 쥐고 놓지 않으려 했어요. 그러다 보니 세도 정치
시대처럼 모든 권력이 문정왕후와 문정왕후의 가문에 집중되었지요.
관리들은 그들의 눈치만 보고, 아첨하는 등 **매관매직**과
부정부패 현상이 심했죠.
문정왕후는 사치와 허영심
또한 심했어요. 결국
문정왕후는 세조의 유언에도
불구하고 무덤을 화려하게
보이기 위해 병풍석을 세운
것이지요.

🏵 **매관매직**
돈이나 재물을 받고 벼
슬을 시키는 것을 일컬
어요.

🏵 **부정부패**
생활이 깨끗하지 못하
고 썩을 대로 썩은 것을
가리켜요.

헌릉의 병풍석
미리 계획하고 만들지 않아서 병풍석이 서로 붙어
있거나 떨어져 있답니다.

왕릉 답사, 잘 마쳤나요?

　이제, 왕릉에 대한 체험학습을 마칠 시간이에요. 재미있었나요? 왕릉과 왕릉을 이루는 시설물 등에 대해서 알아본 후에 선릉에 직접 가 보니 어땠나요? 답사 전에 알았던 것 말고 왕릉을 직접 보면서 새롭게 배우고 느낀 것들도 많이 있지요?

　조선 시대 역사를 알아보는 방법에는 여러 가지가 있어요. 그 가운데에서 능을 답사하는 것은 좋은 방법이지요. 왕을 중심으로 한 역사와 왕과 주변의 사람들과의 관계를 알 수 있는 유물·유적지이기 때문이랍니다. 여러 왕릉을 둘러보고 서로 비교하며 왕들이 살아 생전에 어떤 일을 했고, 어떤 일들이 있었는지 알게 되면 왕릉이 그렇게 만들어질 수밖에 없는 이유를 알게 될 거예요.

　특히 무덤은 어린이 여러분이 어떤 태도를 가지고 생활해야 하는지

생각하게 해 줄 거예요. 우리가 살아가면서 중요하게 여겨야 할 것은 '얼마만큼의 권력과 지위, 그리고 재산을 갖느냐'가 아니라 주변 사람들에게 '어떤 사람으로 기억될 것인가' 하는 것이지요. 다른 사람에게 본받을 만한 사람으로, 좋은 사람으로 기억될 수 있는 삶을 살아야겠지요? 왕은 모두 화려하게 살았을 것만 같고 왕릉 역시 웅장하고 화려하기만 할 것만 같았는데, 반드시 그런 것만은 아니라는 사실이 이런 진리를 새삼 깨닫게 해 줍니다.

여러분이 왕릉을 답사하는 동안, 어떤 점을 느끼고 무엇을 생각했는지 궁금하네요. 답사를 함께한 친구나 부모님과 서로 생각을 나누어 보는 것도 재미있을 거예요!

 # 나는 조선의 왕릉 박사!

조선의 왕릉에 대한 체험학습을 무사히 마쳤나요? 이제, 조선의 왕릉에 대해 제법 많은 것을 알게 된 것 같지요? 그렇다면 실력을 마음껏 발휘해서 문제를 풀어 보세요.

❶ 왕릉을 완성해 보자!

다음은 조선 시대 왕릉인 선릉의 상설도예요. 아래 빈칸에 알맞은 명칭을 써 보세요.

> **보기**
>
> 정자각, 배위, 참도, 강, 병풍석, 문인석, 석양, 석호, 홍살문

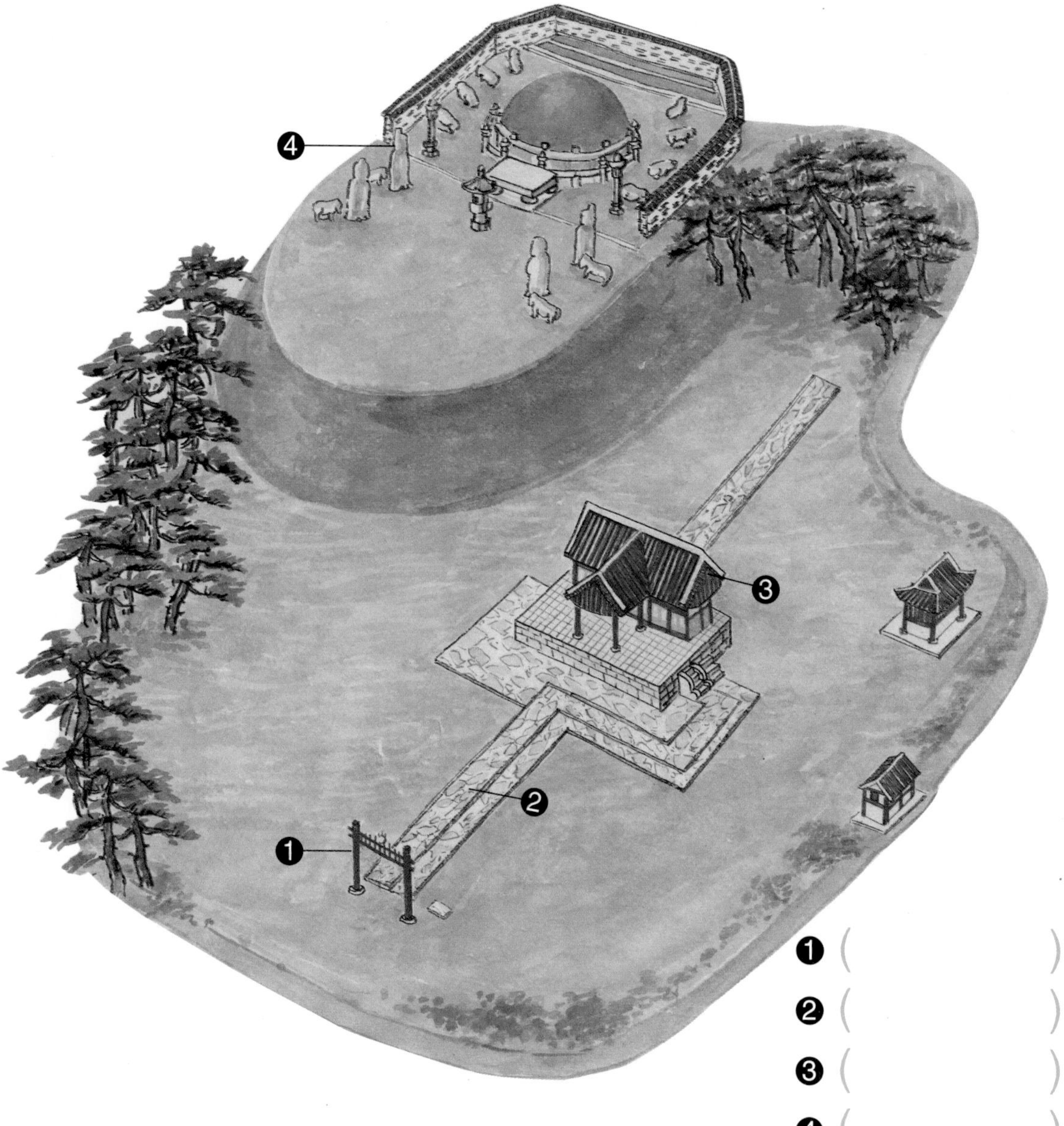

❶ ( )

❷ ( )

❸ ( )

❹ ( )

② 도전 골든벨 OX 퀴즈!

다음 질문에 O 또는 X로 답하세요.

1) 왕의 가족은 누구나 능에 묻힐 수 있다. ( )

2) 왕비도 능에 묻힐 수 있다. ( )

3) 무덤 위에 갈대가 자라고 있는 능은 태조의 무덤인 건원릉이다. ( )

4) 우리가 부르는 왕의 이름은 왕이 살아 있을 때 지어진 것이다. ( )

5) 능 입구에 들어섰다는 뜻을 담고 있고, 신과 인간 세계의 경계라고 할 수 있는 곳을 홍살
   문이라 한다. ( )

6) 참도는 신이 지나가는 길과 임금이 지나가는 길, 두 가지가 있다. ( )

7) 정자각에서 혼령은 서계를 밟고 능으로 올라간다. ( )

8) 연산군묘와 광해군묘에는 정자각이 있다. ( )

9) 조선의 마지막 왕인 고종과 순종의 능은 일반 왕릉의 모습과 다를 바 없다. ( )

10) 왕릉은 시신을 묻을 때 10자(약 3미터) 깊이 정도로 판다. 일반인도 돈과 권력이
    있다면 그 정도 깊이로 파묻을 수 있었다. ( )

11) 능 주변에서 나오는 기가 빠져나가지 않도록 만든 것이 망주석이다. ( )

맞은 개수	왕릉에 대한 나의 상식 수준
1~3개	야호! 딱 걸렸어요. 왕릉에 다시 다녀오세요.
4~6개	애걔, 왕릉에 대해 조금밖에 모르는군요.
7~9개	오호~. 역사학자의 싹이 보이는군요.
10~12개	음……. 혹시 왕의 무덤을 지키고 있는 망주석인가요?

③ 순서대로 나열해 보세요.

다음 사진을 보고, 왕릉을 답사할 때 어떤 순서로 둘러보아야 할지 차례대로 번호를 써 보세요.

(   )　　　　　　(   )　　　　　　(   )　　　　　　(   )

정답은 56쪽에

나는 조선의 왕릉 박사! - - - - - - - - - - -

④ 알맞게 연결해 보세요.

왕릉을 이루는 여러 가지 시설물 사진과 이름을 바르게 연결하세요.

 ● 　　　　　 ● 참도

 ● 　　　　　 ● 장명등

 ● 　　　　　 ● 정자각

 ● 　　　　　 ● 망주석

 ● 　　　　　 ● 홍살문

 ● 　　　　　 ● 문인석

❺ 십자말풀이를 해 보세요.

1		2	2			3		4
1				5				
				4				
		5	6				7	
8					6			
7								
							10	
8				9				
					9			

〈가로 열쇠〉

1. 홍살문 앞에서 절을 하고 들어가도록 만든 사각형의 돌.

2. 죽은 사람을 위해 무덤에 같이 묻어 주는 여러 가지 물건. 껴묻거리라고도 함.

3. 풍수지리에서 명당이 되는 곳을 동서남북으로 둘러싼 신. 고구려 고분 벽화에도 그려짐.

4. 산과 땅, 물 등을 판단해서 사람의 운이 좋고 나쁨, 화나 복을 설명하는 것.

5. 무덤의 좋은 기가 밖으로 빠져나가지 못하도록 하기 위해 세운 돌.

6. 뒤쪽에는 산이 있어 바람을 막아 주고, 앞으로는 물이 흐르는 곳을 의미함.

7. 경주에 있는 신라의 왕릉으로, 천마도라는 그림이 출토된 옛 무덤.

8. '농사를 짓는 사람이 하늘 아래 가장 큰 자'라는 뜻. '○○천하지○○'

9. 무예로 과거에 급제한 신하로, 무덤을 지키는 돌상.

〈세로 열쇠〉

1. 두 손을 합장한 것과 같은 모양으로, 선릉의 정자각 지붕.

2. 수도권에 위치하지 못하고 강원도 영월에 있는 단종의 무덤.

3. 왕릉에서 무덤으로 올라가기 전, 언덕과도 같은 잔디. 강이라고도 함.

4. 옛 무덤을 몰래 파헤쳐서 무덤 안에 있는 부장품을 훔치는 일. 발굴의 반대말.

5. 무덤 아래쪽을 감싼 돌로, 세조는 이것을 만들지 말라고 유언을 했어요.

6. 주위와 같은 뜻의 다른 말이에요..

7. 광개토 대왕의 아들로, 고구려의 왕 중 가장 오래 살았기 때문에 붙여진 묘호의 왕.

8. 홍살문 주위에 흐르는 물을 건널 수 있도록 만든 다리.

9. 왕비가 낳은 왕자를 말해요.

10. 무덤 앞에 혼령이 앉을 수 있도록 만든 상석.

정답은 56쪽에

체험학습 보고서 잘 쓰기!

체험학습을 다녀온 뒤 보고서를 쓰면 어떨까요? 지겹다고요? 물론 보고서를 쓰는 일보다
다양한 체험을 통해 여러분이 스스로 생각하고 느낄 수 있는 기회를 얻는 것이 훨씬
중요하지요. 그러나 보고서로 정리해 둔다면, 체험한 것들은 확실히 여러분의 것이 될 거예요.
너무 어려워하지 마세요. 보고서를 잘 정리할 수 있는 방법을 가르쳐 드릴 테니까요.

자료는 풍부하게!

좋은 체험학습 보고서를 쓰기 위해서는 우선 풍부한 자료를 준비해야 합니다. 현장을 설명하는 책이나 안내서, 입장권과 팸플릿, 그리고 사진 등은 꼭 챙기도록 해요. 체험학습을 하면서 중요했던 내용이나 인상 깊었던 것은 간단히 메모를 해 두는 게 좋아요. 유물이나 유적의 이름, 그리고 간단한 한두 줄의 느낌만 적어 두어도 기억하기 쉽거든요. 나중에 집에 와서 훨씬 자세한 내용을 덧붙일 수 있고요. 현장의 안내판을 무조건 베끼는 일은 너무 힘든 일이에요. 만약 촬영이 허락되는 현장이라면 사진으로 찍는 것도 좋아요.

개성있는 보고서를!

보고서는 반드시 형식을 갖춰 쓸 필요는 없어요. 자신의 소질에 따라 만화, 편지, 감상문, 신문 만들기, 인터뷰, 앨범, 그림 등 다양한 방법으로 만들어 보세요. 인터넷이나 책을 그대로 베껴 작성하는 것은 시시한 보고서를 만드는 일이에요. 또한 단순한 소개보다는 보고, 들은 내용을 바탕으로 자신만의 느낌과 생각을 살려 쓰는 것이 무엇보다 중요하지요. 만약 참고했던 자료나 내용을 인용했다면, 그 출처를 밝혀 주는 게 좋아요.

보고서는 구체적으로!

체험 활동 보고서에는 체험한 내용과 체험을 통해 얻은 지식과 느낀 점 등이 들어가야 해요. 체험한 내용은 단순한 소개보다는 가장 인상 깊었던 내용을 구체적으로 정리하고, 느낌과 생각은 '참 좋았다'라는 간단한 내용보다는 어떤 점이 왜 좋았고, 인상적이었는지 등을 정리하면 좋겠지요. 한번에 현장의 모든 내용을 얻으려 하기보다는 한두 가지라도 기억에 오래 남는 내용들을 자세히 정리하는 게 여러분의 진짜 재산이 되거든요.

표지

표지는 자신이 쓴 보고서의 얼굴이에요.
맨 위에 보고서의 종류를 써 준다면,
어떤 형식의 보고서인지 한눈에 알 수 있어요.
제목은 체험학습을 알릴 수 있는 한 문장으로 요약해서 쓰고,
부제목은 현장의 이름을 씁니다.
현장을 대표하는 사진을 붙여 준다면, 더 깔끔한 표지가 되지요.

본문 1

언제, 어디로, 누구와 왜
체험학습을 다녀왔는지를
기록하는 건 기본이지요.
무엇보다 견학 이유를 잘
생각해 보세요. 단순히 학교에
낼 과제물 때문일까요?
평소에 내가 궁금했던 내용이나
교과서의 내용을 더 쉽게
이해하기 위해서는 아니었을까요?
체험학습을 한 이유를 잘 밝혀
두면, 사전에 미리 얻어야 할
지식도 무엇인지 알 수 있고,
가서 보고 들을 내용도
훨씬 더 명확해진답니다.

본문 2

체험학습에 갔을 때 많은
내용을 보고 들었을 거예요.
그 모든 걸 보고서에
담을 수는 없겠지요.
그럴 때에는 가장
인상 깊었던 것 한두 가지만
골라 정리하도록 해요.

본문 4

소감에는 뻔한 느낌이나 생각
보다는 새로 알게 된 내용이나
자신만의 느낌을 쓰도록 해요.
더 알고 싶은 점은 체험학습을
하거나 보고서를 작성하면서
궁금했던 것을 정리하면 되는데,
알고 싶어하는 것에서 그치지
말고, 어른께 여쭈어 보거나
자료를 찾아보면 좋겠지요.

본문 3

보고서의 형태를
잘 갖추는 것도
중요하지만,
여러분의 손길이
묻어나는 보고서로
쓰는 게 무엇보다
중요해요.
형식이나 분량에
얽매이지 말고,
다양한 방법으로
보고서를 써 보세요.

결론

맨 마지막 장에는 사진이나 티켓, 팸플릿 등을 챙겨 붙여 보세요.
자료를 최대한 활용하면 보다 알찬 보고서로 꾸밀 수 있답니다.

 •〈체험학습 보고서 잘 쓰기!〉는 '어린이를 위한 체험학습 미운돌멩이'에서 제공해 주었습니다.

정답

13쪽 1. 총 2. 묘 3. 고분군 4. 능

15쪽
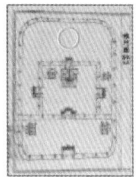

22쪽 ❶

31쪽

33쪽
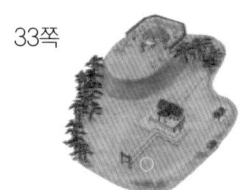

36쪽 선릉 정자각 3개, 경복궁 근정전 7개

39쪽 ❶

41쪽

여기예요!

나는 조선의 왕릉 박사!

❶ 왕릉을 완성해 보자!

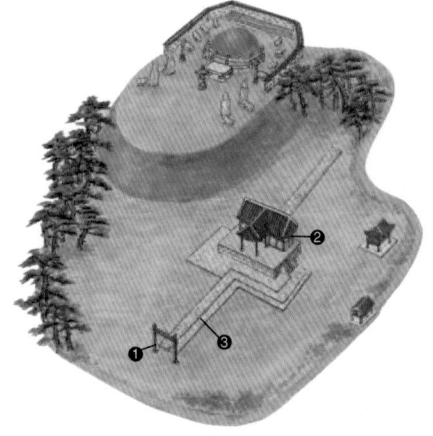

❶ (홍살문) ❷ (참도) ❸ (정자각) ❹ (문인석)

---

❷ 도전 골든벨 OX 퀴즈!

다음 질문에 O 또는 X로 답하세요.

1) 왕의 가족은 누구나 능에 묻힐 수 있다. (X)
2) 왕비도 능에 묻힐 수 있다. (O)
3) 무덤 위에 갈대가 자라고 있는 능은 태조의 무덤인 건원릉이다. (X)
4) 우리가 부르는 왕의 이름은 왕이 살아 있을 때 지어진 것이다. (X)
5) 능 입구에 들어섰다는 뜻을 담고 있고, 신과 인간 세계의 경계라 할 수 있는 곳을 홍살문이라 한다. (O)
6) 참도는 신이 지나가는 길과 임금이 지나가는 길, 두 가지가 있다. (O)
7) 정자각에서 혼령은 서계를 밟고 능으로 올라간다. (X)
8) 홍유릉에는 정자각이 있다. (X)
9) 조선의 마지막 왕인 고종과 순종의 능은 일반 왕릉의 모습과 다를 바 없다. (X)
10) 왕릉은 시신을 묻을 때 10재(약 3미터) 깊이 정도로 판다. 일반인도 돈과 권력이 있다면 그 정도 깊이로 파묻을 수 있었다. (X)
11) 능 주변에서 나오는 기가 빠져나가지 않도록 만든 것이 망주석이다. (O)

❸ 순서대로 나열해 보세요.

 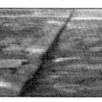  

(3)   (2)   (4)   (1)

❹ 알맞게 연결해 보세요

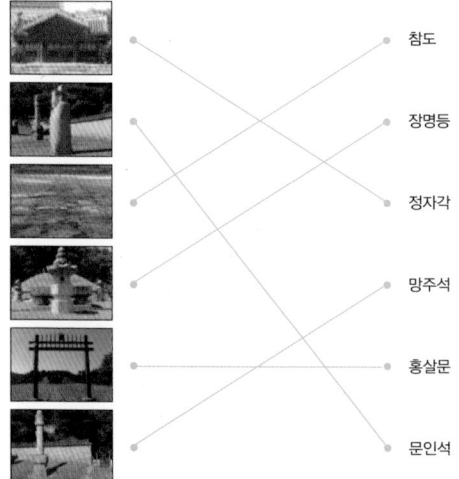

참도
장명등
정자각
망주석
홍살문
문인석

❺ 십자말풀이를 해보세요.

망		부	장	품			사	신	도
배	위	릉		병		초		굴
지					풍	수	지	리	
봉		망	주	석				장
	금		변		배	산	임	수
	천	마	총					왕
	교							
								혼
농	자	천	하	지	대	본		유
				군		무	인	석

사진

초등학교 교과서와 관련된 학년별 현장 체험학습 추천 장소

1학년 1학기 (21곳)	1학년 2학기 (18곳)	2학년 1학기 (21곳)	2학년 2학기 (25곳)	3학년 1학기 (31곳)	3학년 2학기 (37곳)
철도박물관	농촌 체험	소방서와 경찰서	소방서와 경찰서	경희대자연사박물관	IT월드(과천정보나라)
소방서와 경찰서	광릉	서울대공원 동물원	서울대공원 동물원	광릉수목원	강원도
시민안전체험관	홍릉 산림과학관	농촌 체험	강릉단오제	국립민속박물관	경희대자연사박물관
천마산	소방서와 경찰서	천마산	천마산	국립서울과학관	광릉수목원
서울대공원 동물원	월드컵공원	남산골 한옥마을	월드컵공원	국립중앙박물관	국립경주박물관
농촌 체험	시민안전체험관	한국민속촌	남산골 한옥마을	기상청	국립고궁박물관
코엑스 아쿠아리움	서울대공원 동물원	국립서울과학관	한국민속촌	서대문자연사박물관	국립국악박물관
선유도공원	우포늪	서울숲	농촌 체험	선유도공원	국립부여박물관
양재천	철새	갯벌	서울숲	시장 체험	국립서울과학관
한강	코엑스 아쿠아리움	양재천	양재천	신문박물관	남산
에버랜드	짚풀생활사박물관	동굴	선유도공원	경상북도	남산골 한옥마을
서울숲	국악박물관	고성 공룡박물관	불국사와 석굴암	양재천	롯데월드민속박물관
갯벌	천문대	코엑스 아쿠아리움	국립중앙박물관	경기도	국립민속박물관
고성 공룡박물관	자연생태박물관	옹기민속박물관	국립민속박물관	이화여대자연사박물관	삼성어린이박물관
서대문자연사박물관	세종문화회관	기상청	전쟁기념관	전쟁기념관	서대문자연사박물관
옹기민속박물관	예술의 전당	시장 체험	판소리	천마산	선유도공원
어린이 교통공원	어린이대공원	에버랜드	DMZ	한강	소방서와 경찰서
어린이 도서관	서울놀이마당	경복궁	시장 체험	화폐금융박물관	시민안전체험관
서울대공원		강릉단오제	광릉	호림박물관	경상북도
남산자연공원		몽촌역사관	홍릉 산림과학관	홍릉 산림과학관	월드컵공원
삼성어린이박물관		국립현대미술관	국립현충원	우포늪	육군사관학교
			국립4.19묘지	소나무 극장	해군사관학교
			지구촌민속박물관	예지원	공군사관학교
			우정박물관	자운서원	철도박물관
			한국통신박물관	서울타워	이화여대자연사박물관
				국립중앙과학관	제주도
				엑스포과학공원	천마산
				올림픽공원	천문대
				전라남도	태백석탄박물관
				경상남도	판소리박물관
				허준박물관	한국민속촌
					임진각
					오두산 통일전망대
					한국천문연구원
					종이미술박물관
					짚풀생활사박물관
					토탈야외미술관

4학년 1학기 (34곳)	4학년 2학기 (56곳)	5학년 1학기 (35곳)	5학년 2학기 (51곳)	6학년 1학기 (36곳)	6학년 2학기 (39곳)
강화도	IT월드(과천정보나라)	갯벌	IT월드(과천정보나라)	경기도박물관	IT월드(과천정보나라)
갯벌	강화도	광릉수목원	강원도	경복궁	KBS 방송국
경희대자연사박물관	경기도박물관	국립민속박물관	경기도박물관	덕수궁과 정동	경기도박물관
광릉수목원	경복궁 / 경상북도	국립중앙박물관	경복궁	경상북도	경복궁
국립서울과학관	경주역사유적지구	기상청	덕수궁과 정동	고성 공룡박물관	경희대자연사박물관
기상청	경희대자연사박물관	남산골 한옥마을	경상북도	국립민속박물관	광릉수목원
농촌 체험	고창, 화순, 강화 고인돌유적	농업박물관	경희대자연사박물관	국립서울과학관	국립민속박물관
서대문자연사박물관	전라북도	농촌 체험	고인쇄박물관	국립중앙박물관	국립중앙박물관
서대문형무소역사관	고성공룡박물관	서울국립과학관	충청도	농업박물관	국회의사당
서울역사박물관	충청도	서울대공원 동물원	광릉수목원	롯데월드민속박물관	기상청
소방서와 경찰서	국립경주박물관	서울숲	국립공주박물관	몽촌토성과 풍납토성	남산
수원화성	국립민속박물관	서울시청	국립경주박물관	민주화현장	남산골 한옥마을
시장 체험	국립부여박물관	서울역사박물관	국립고궁박물관	백범기념관	대법원
경상북도	국립서울과학관	시민안전체험관	국립민속박물관	서대문자연사박물관	대학로
양재천	국립중앙박물관	경상북도	국립서울과학관	서대문형무소 역사관	민주화현장
옹기민속박물관	국립국악박물관 / 남산	양재천	국립중앙박물관	서울역사박물관	백범기념관
월드컵공원	남산골 한옥마을	강원도	남산골 한옥마을	조선의 왕릉	아인스월드
철도박물관	농업박물관 / 대법원	월드컵공원	농업박물관	성균관	서대문자연사박물관
이화여대자연사박물관	대학로	유명산	롯데월드민속박물관	시민안전체험관	국립서울과학관
천마산	롯데월드민속박물관	제주도	충청도	경상북도	서울숲
천문대	몽촌토성과 풍납토성	짚풀생활사박물관	서대문자연사박물관	암사동 선사주거지	신문박물관
철새	불국사와 석굴암	천마산	성균관	운현궁과 인사동	양재천
홍릉 산림과학관	서대문자연사박물관	한강	세종대왕기념관	전쟁기념관	월드컵공원
화폐금융박물관	서울대공원 동물원	한국민속촌	수원화성	천문대	육군사관학교
선유도공원	서울숲	호림박물관	시민안전체험관	철새	이화여대자연사박물관
독립공원	서울역사박물관	홍릉 산림과학관	시장 체험 / 신문박물관	청계천	중남미박물관
탑골공원	조선의 왕릉	하회마을	경기도	짚풀생활사박물관	짚풀생활사박물관
신문박물관	세종대왕기념관	대법원	강원도	태백석탄박물관	창덕궁
서울시의회	수원화성	김치박물관	경상북도	해인사 고려대장경과 장경판전	천문대
선거관리위원회	승정원 일기 / 양재천	난지하수처리사업소	옹기민속박물관	호림박물관	우포늪
소양댐	옹기민속박물관	농촌, 어촌, 산촌 마을	운현궁과 인사동	유니세프 한국위원회	판소리박물관
서남하수처리사업소	월드컵공원	들꽃수목원	육군사관학교	무령왕릉	한강
중랑구재활용센터	육군사관학교	정보나라	이화여대자연사박물관	현충사	홍릉 산림과학관
중랑하수처리사업소	철도박물관	드림랜드	전라북도	덕포진교육박물관	화폐금융박물관
	이화여대자연사박물관	국립극장	전쟁박물관	서울대학교 의학박물관	훈민정음
	조선왕조실록 / 종묘		창경궁 / 천마산	상수허브랜드	상수도연구소
	종묘제례		천문대		한국자원공사
	창경궁 / 창덕궁		태백석탄박물관		동대문소방서
	천문대 / 청계천		한강		중앙119구조대
	태백석탄박물관		한국민속촌		
	판소리 / 한강		해인사 고려대장경과 장경판전		
	한국민속촌		화폐금융박물관		
	해인사 고려대장경과 장경판전		중남미문화원		
	호림박물관		첨성대		
	화폐금융박물관		절두산순교유적지		
	훈민정음		천도교 중앙대교장		
	온양민속박물관		한국에너지기술연구원		
	아인스월드		한국자수박물관		
			초전섬유퀼트박물관